Asesor Inmobiliario
DESDE CERØ

Las 7 Píldoras para Triunfar en el Sector Inmobiliario

Francisco Carrasco

- Primera edición: Enero 2024
- Segunda revisión: Enero 2026
- Creación, revisión, maquetación y portada: Francisco Carrasco
- Paperback edition 2024
- Elaborado y editado en España
- Copyright ©2024 - Todos los derechos reservados®

> No se permite la reproducción total o parcial de este libro, ni su incorporación a un sistema informático, ni su transmisión en cualquier forma o por cualquier medio, sea éste electrónico, mecánico, por fotocopia, por grabación u otros métodos, sin el permiso previo y por escrito del editor. La infracción de los derechos mencionados puede ser constitutiva de delito contra la propiedad intelectual. (Art. 270 y siguientes del Código Penal).

DEDICATORIA

Sea cual sea la <u>razón</u> por la cual usted este leyendo esta dedicatoria ¡Se la dedico! ¡Sí, se la dedico a usted! Por haberse interesado en este libro y por haberlo adquirido. Y espero que este material (Aunque no sea un libro de autoayuda), en el apartado dedicado a este asunto, le ayude a razonar y a meditar un poco sobre esta cuestión; porque su <u>razón</u> es el motor que lo impulsará a hacer lo que tiene que hacer y llegar hasta donde quiera llegar.

Para todos mis lectores, Muchas Bendiciones.

Ya sé que las dedicatorias deben ser cortas, pero no quiero dejar escapar la oportunidad de dedicar esta obra a mis tres hijos; porque los tres son adorables y los amo con todo mi ser.

Muchas Bendiciones para ellos.

AGRADECIMIENTO Y ENTREGA

Padre Amado, te doy las gracias por darnos todas las bondades que nos regalas cada día de nuestra existencia; La Vida, El Amor, La Salud, La Provisión, La Madre Tierra con todos sus elementos y por todas las demás bendiciones que recibimos para que podamos seguir avanzando en el camino de la existencia.

Padre Amado, fuente inagotable de luz, de amor y de vida, te entrego este libro para que sea bendecido y también te pido que bendigas a todo aquel que lo lea para que su vida avance y sea una vida provechosa para tu obra Padre, porque todo lo que hacemos para tu obra es ¡Aunque lo desconozcamos!

ÍNDICE DE CONTENIDO

Gracias por adquirir este libro i
¡Antes que nada! iii
Prólogo vii
Introducción a modo de reflexión ix
3 Sugerencias sobre la manera de obtener un mayor beneficio de este libro xi
¿Quién puede ser Asesor(a) Inmobiliario? xiii

CAPÍTULO – 1
¿Agente, Asesor o Bróker Inmobiliario? ¡Definiciones y diferencias! 1

CAPÍTULO – 2
Las 3 Modalidades de Trabajo en el Sector Inmobiliario 9

CAPÍTULO – 3
Los Pros y los Contras de estas 3 modalidades 19

CAPÍTULO – 4
¿Hablamos de dinero? 29

CAPÍTULO – 5
Los Bienes Raíces y el Mercado Inmobiliario 39

CAPÍTULO – 6
Las 7 Píldoras para Triunfar en el Sector Inmobiliario 47

1. La Personalidad Magnética orientada al Sector Inmobiliario 53
2. El Branding – Tu Marca 105
3. Leyes Inmobiliarias y Documentación necesaria para realizar este trabajo...119
4. Tasaciones y Valoraciones de Inmuebles 127
5. La Gestión Bancaria y Financiera 137
6. Captación Inmobiliaria 360° 145
7. Marketing Inmobiliario 360° 171

CAPÍTULO – 7
Un plan de inicio de 7 Pasos 181
Mis 3 Mejores Recomendaciones Finales 201
¿Cuál es tu Verdadera Razón? 207
¡Me gustaría comentarte 3 Cosas! 211
¡Gracias! 213
Biografía del autor 215
Contacto y referencias consultadas 217

¡Gracias por adquirir este libro!

¡Felicidades! Con la adquisición de este libro has dado el primer paso para convertirte en asesora o asesor inmobiliario e iniciar una trayectoria de éxito en el sector de los bienes raíces.

Me gustaría conocer tu opinión después de que lo leas, ya que lo que tú pienses sobre esta obra *¡Me Importa!* Así que te invito a que dejes una reseña y un comentario <u>sincero</u> en Amazon para saber que te ha parecido este material.

Eso me ayudará a evaluar su potencial y a revisar el contenido si fuese necesario para hacerlo cada vez más potente y valioso para todos los lectores. Y aunque este material ya ha pasado por un filtro exhaustivo de lectores anónimos, me gustaría saber tu opinión. Así que ¿Te leo en las reseñas?

¡Gracias de antemano por tu tiempo!

¡ANTES QUE NADA!

Me gustaría hacer una aclaración importante con relación al contenido y desarrollo de este material; y para ello, creo conveniente enfatizar lo siguiente:

La idea de la creación de este libro se inició en el año 2020 ¡En plena pandemia! Después de casi un año impartiendo un taller dirigido a todas aquellas personas interesadas en incursionar en el sector inmobiliario como asesores.

El taller se titulaba: "Introducción y Gestión del Sector Inmobiliario", el cual se dividía en dos módulos; el primero se titulaba "Asesor(a) Inmobiliario Desde Cero" y el segundo "Gestión Comercial Inmobiliaria".

Para ese entonces elaboré dos folletos, uno para cada módulo. El primero, a modo de introducción, contenía algunos de los temas incluidos en este libro; y el segundo, con temas más avanzados y prácticos para complementar la formación.

Este taller se impartía en 4 meses, distribuidos en una clase semanal de cuatro horas, específicamente los Sábados. Esto representa, que el curso tenía una duración de 64 horas en total.

El método de enseñanza se dividía en dos partes; el primer módulo era completamente teórico y en el segundo, el cual era un nivel más avanzado, se incluían ejemplos prácticos en temas de prospección, captación, promoción, marketing inmobiliario y estrategias de ventas tanto online como offline.

Cabe destacar, que este taller lo realizaban universitarios, obreros, abogados, ingenieros y gente de toda clase. Los abogados lo tomaban porque la institución donde yo impartía este taller se especializaba en cursos y talleres orientados al área del Derecho, específicamente al área migratoria, pero, a partir del inicio del área inmobiliaria en la institución, ellos comenzaron a aprovechar los cursos del sector para especializarse en el área inmobiliaria.

Gracias a esta formación, muchas personas pudieron iniciar una nueva faceta en su vida laboral con óptimos resultados; por otro lado, los abogados complementaban su rubro con los conocimientos adquiridos para aprovechar al máximo el sector de los bienes raíces, aumentando de esta forma sus prospecciones y beneficios económicos, producto de las operaciones inmobiliarias que cerraban.

Fue en plena pandemia cuando comencé a trabajar en la elaboración de este libro, fusionando todo el taller en este material con el objetivo de ayudar a todas aquellas personas interesadas en aprender una nueva profesión, la cual les ayudara a conseguir un trabajo digno, estable y bien remunerado.

¿Por qué te cuento todo esto? Muy simple, porque quiero que comprendas que ningún libro te puede brindar una formación integral en ningún sector, ya que en un libro solo se pueden plasmar conceptos, ideas, sugerencias y "algunos" conceptos prácticos.

Por ejemplo, en la parte técnica a nivel informático, la cual se utiliza para trabajar el marketing inmobiliario, nos permite implementar las técnicas más modernas de prospección, captación, promoción, (CRM - Gestión de Relaciones con Clientes), entre otras, pero es imposible exponerla de forma detallada en un libro ¿sabes por qué?, porque en un libro no hay teclas. ☺

¿Te ha hecho gracia? Ríete, pero es así, no se puede hacer más en un libro. Lo que quiero que comprendas es, que por más que yo quisiera enseñarte la parte técnica y práctica, en este libro ¡no puedo! Tendrás que poner en práctica lo que necesite ser practicado.

Mi recomendación:

Tal y como menciono en la hoja de detalles de la publicación del libro en Amazon; si realmente te interesa incursionar en este sector e implementar las técnicas y procedimientos que se mencionan en este libro con el objetivo claro de trabajar en esta área como asesor o asesora, tienes dos opciones:

A) Buscar trabajo en una agencia donde puedas complementar tu formación, ya que regularmente las agencias forman a sus asesores, principalmente a nivel técnico.

B) Tomar un curso o taller, ya sea presencial o (PresenLine = Curso online con clases en vivo vía Zoom) esto con la finalidad de poder realizar prácticas en aquellas áreas del libro que no pueden ser practicadas mediante la lectura.

No quería extenderme en este apartado, pero no quiero crear expectativas falsas haciéndote creer que solo leyendo este libro serás un asesor o asesora de la OSSTIA, en español latino (Que serás un Crack inmobiliario) y que no tienes que hacer nada más que leer y releer mi libro para ganar dinero como nadie y ser feliz ☺ ¡Hasta yo mismo me rio escribiendo esto! jaja

Lo que te quiero dejar claro es, que necesito que te sigas formando, que profundices en los temas más importantes del libro y que elijas una de las dos opciones que te doy en mi recomendación anterior; porque de que lo tienes todo aquí ¡LO TIENES! Te lo puedo asegurar. Así que nada, ahora me quedo más tranquilo porque creo que mi aclaración esta más clara que el agua.

PRÓLOGO

En el 2014 mi vida dio un giro inesperado cuando motivado por la crisis española me quede en paro (Desempleado) y tome la decisión de cambiar de actividad laboral. Todo comenzó con un mensaje que me llego al correo donde me ofrecían un curso de "Agente Inmobiliario Homologado por la Generalitat de Cataluña"; fue el mensaje idóneo en el momento indicado y aunque era un curso algo costoso para mí, me sacrifique y tome la decisión de inscribirme. Ese año fue un antes y un después en mi vida, ya que realicé la mencionada formación en una reconocida institución de la ciudad de Barcelona, España y a partir de ahí inicié mi camino en este nuevo sector.

Estoy seguro de que lo que me impulso a iniciar mi trayectoria a nivel laboral fue la conjunción de tres elementos; La necesidad, el enfoque y mi actitud frente a la nueva situación que se me planteaba.

Estos fueron los factores que me introdujeron en esta nueva aventura de crecimiento personal y profesional y creo que son los únicos elementos que cuando lo juntas producen un cambio en el presente y el futuro de la vida de las personas.

Por mi larga trayectoria como instructor de informática sé que la enseñanza es mi vocación, así que, gracias a mi experiencia en el sector inmobiliario me he dedicado a impartir docencia en este sector, además de preparar una gran cantidad de cursos y material formativo para profesionales del derecho y para todo tipo de profesionales interesados en esta área.

Fue en el transcurso de mi faceta como docente en este sector que me di cuenta de que había una gran necesidad que tenía que cubrir; de ahí nace este material, de la necesidad de tantas personas que desean iniciarse en este sector y no saben por dónde empezar.

Después de varios años de trabajo, al fin sale a la luz este valioso material, en el cual encontrarás la guía perfecta que te ayudará a iniciarte en el sector inmobiliario de la mejor manera posible; con un plan de inicio de 7 pasos para que tengas claro por donde comenzar.

En este material vas a aprender todos los conceptos y procedimientos necesarios para iniciarte en este sector. Es una guía que te introducirá paso a paso al mundo inmobiliario para que puedas trabajar bajo la modalidad que más se adapte a tus posibilidades.

INTRODUCCIÓN A MODO DE REFLEXIÓN

Esta reflexión no la hago porque este material lo haya creado un servidor, ni para que pienses que soy un crack o un gurú inmobiliario, ni mucho menos; la hago porque esta realidad la viven cientos de personas que se lanzan a trabajar en este sector sin tener una idea clara de la formación que deben poseer para lanzarse a la calle a trabajar. La reflexión es la siguiente:

Si yo hubiese encontrado un material como este cuando me inicié en este sector, créeme que me hubiese ahorrado los 1,300.00€ que pague por el curso de agente Inmobiliario que realicé en Barcelona, España. Y la razón es muy sencilla; una cosa es aprender sobre leyes inmobiliarias, normativas, regulaciones y otras cuestiones relacionadas al sector y otra cosa es lanzarse a la calle a trabajar, verse frete a frente con los propietarios y convencerlos de que nuestra opción es la mejor para vender o rentar sus inmuebles, entre otras gestiones propias de este trabajo.

Lamentablemente, en la mayoría de las instituciones autorizadas para dar y homologar estos títulos en España solo te enseñan teorías, teorías y más teorías; deberían incluir otros temas; tales como: relaciones humanas, atención al cliente, tasaciones, marketing inmobiliario, entre otros temas, ya que son las herramientas que usamos los asesores inmobiliarios en nuestro día a día para desempeñar bien nuestro trabajo.

Y por eso hago esta reflexión, porque en este material solo vas a ver los temas más relevantes para que te puedas iniciar en el sector inmobiliario con todas las garantías de que si sigues el método podrás trabajar en cualquier parte del mundo y vivir bien o muy bien; aunque esto último sólo dependerá única y exclusivamente de usted.

Aunque debo confesar, que si no hubiese realizado este curso no me hubiera lanzado al charco.

Reflexión: ¡Todo tiene su porqué en esta vida!

3 Sugerencias sobre la manera de obtener un mayor beneficio de este libro

1.- Deténgase frecuentemente en la lectura para pensar en lo que está leyendo. Pregúntese cómo y cuándo puede aplicar cada sugerencia.

2.- George Bernard Shaw señaló una vez: "Si se enseña algo a un hombre, jamás lo aprenderá". Shaw tenía razón; aprender es un proceso activo. Aprendemos haciendo. De modo que si usted quiere dominar los conocimientos que estudia en este libro, haga algo con ellos. Aplique estos pasos y estos procedimientos en la mayor brevedad posible. Si no procede así, los olvidará rápidamente. Sólo el conocimiento que se practica perdura en nuestro intelecto y crea nuestra realidad.

3.- El plan de inicio de 7 pasos que se entrega en este libro, es al mismo tiempo un plan de acción, no un plan de pasión, ni un plan de ilusión ☺; esto significa, que si estos pasos no se dan, no se ejecutan, no se accionan o no se realizan, el plan se quedará en plan y los resultados no se harán esperar. ¿Cuáles serán esos resultados? Pues que vas a tener que seguir o desempleada(o) o en el mismo trabajo porque no le va a servir de mucho esta formación.

Así que, después de estudiar bien el material pase a la acción para que se materialice y se haga realidad la finalidad de este libro, que no es más que formarle y prepararle para que se inicie como una asesora o asesor inmobiliario de éxito y pueda trabajar bajo la modalidad que más se adapte a sus posibilidades.

¿Quién puede ser Asesor(a) Inmobiliario?

En este apartado voy a responder a esta pregunta que me hacen muchas personas que me contactan porque no saben o no están seguras del tipo de formación o preparación que deben tener al momento de querer incursionar en el sector inmobiliario y puede que usted, antes de adquirir este material también haya pensado lo mismo.

¡He aquí la respuesta! Para una persona trabajar como asesora o asesor inmobiliario no es necesario tener un título universitario, ni ningún título o formación homologada, ni ninguna formación o preparación especial; tampoco tienes que haber trabajado en ventas de ningún tipo o en algún sector del comercio, etc., etc., etc.

Con que tengas unos estudios medios, por ejemplo, el bachillerato terminado o que hayas ido a la universidad, aunque no hayas terminado la carrera, ya puedes dedicarte a trabajar en este sector.

He conocido asesores que no han terminado su formación media y están trabajando en el sector ¡con eso te lo digo todo!

Lo cierto es, que existen algunas agencias que para ciertos puestos de mando, si no tienes un título universitario posiblemente no te contraten, aunque tengas experiencia en el sector; porque en ese momento están buscando una persona que aparte de ser asesor o asesora, también tenga otras cualidades muy específicas relacionadas al sector, tales como: Coordinadores y gestores de recursos humanos, administradores de empresas, gestores comerciales, gestores de ventas, entre otras.

Esto quiere decir que un título ¡Siempre ayuda!

De todas formas, es bueno que sepas que para trabajar en este sector se necesitan una serie de habilidades, facultades y competencias que son las que harán la diferencia entre tu y otro asesor o asesora del montón.

Deberás prepararte en algunas áreas básicas necesarias para poder desempeñar bien tu trabajo y lo demás te irá llegando con el paso del tiempo, con la práctica y las experiencias. Además, irás cometiendo errores y ellos te harán crecer y avanzar por medio de la corrección de estos.

Me imagino que si has adquirido este material es porque ya tienes una idea de lo que es este sector, de cómo se trabaja y hasta de lo que se puede llegar a ganar; si no es así, aquí tienes la brújula perfecta que te guiará con la ruta indicada para que llegues al destino que quieras llegar.

Si te gusta esta profesión y estás dispuesto o dispuesta a aprender y a poner en práctica lo aprendido, todo lo demás es cuestión de enfoque y actitud.

Lo único que te diré es, que este es un trabajo digno, el cual nos proyecta en un estatus tanto social como económico que muchas otras áreas del sector comercio no nos dan; un trabajo donde siempre andamos exóticos y olorosos☺ y es una de las pocas áreas donde tu sueldo puede ser mucho más elevado que el sueldo medio del país donde vayas a ejercer *¡Todo dependerá de cómo te lo tomes!*

CAPÍTULO - 1

¿Agente, Asesor o Bróker Inmobiliario?
¡Definiciones y Diferencias!

Se da mucho el caso de la venta o renta de inmuebles por el boca a boca, por referencias familiares y por otras casualidades de la vida. Es una venta involuntaria en la cual la persona se puede ganar una comisión por dicha venta ¡o no! No suele suceder con regularidad, pero casualmente, de vez en cuando se vende o se alquila algún inmueble de esta manera, y cuando esto pasa a muchas personas se les prende un bombillito y piensan:

Todo el que vende o renta un inmueble de esta forma, ya se cree asesor o asesora inmobiliario, usan el término que le parece más exótico para llenarse la boca diciendo por ahí que es un Bróker inmobiliario sin saber el compromiso, el trabajo y la dedicación que amerita este oficio cuando se hace de forma eficiente y se vive de esto.

Te das cuenta de que no tienen ningún tipo de formación en el sector de diversas formas; por cómo se manejan al momento de la gestión, porque hay temas que desconocen o porque cuando le preguntas algo realmente importante acerca del inmueble te salen con incoherencias que no satisfacen tu inquietud como cliente.

La verdad es, que este tipo de personas no llegan muy lejos en su intención de trabajar como asesores inmobiliarios "piratas" porque realmente no pueden mantener un nivel regular de operaciones para poder establecerse en este mercado.

Este tipo de infiltrados en el negocio es bueno y malo para nosotros, bueno porque nos da ventaja sobre todos ellos y malo porque los clientes suelen meternos a todos en el mismo saco, pero los clientes no son tontos y se dan cuenta cuando un asesor o asesora tiene o no tiene formación y todas las otras cualidades que caracterizan a los asesores inmobiliarios preparados y profesionales.

A continuación, vamos a definir el término "Asesor Inmobiliario" porque es el título en el que nos vamos a centrar.

Con relación a este término, es bueno saber, que según la (RAE- Real Academia Española) en su libro titulado "Estilo de la Lengua Española", explica que el masculino en español es el género no marcado. Es decir, es la forma por defecto y considerada más o menos neutral. Igual que en otros idiomas, la forma no marcada funciona tanto para el femenino como para el masculino.

Esto quiere decir, que si el término Asesor Inmobiliario va a ser usado por una mujer, podría nombrarse perfectamente como Asesor Inmobiliario o en su defecto, como Asesora Inmobiliario y no Inmobiliaria. De todas formas, en este material siempre verás la vocal "a" y "o" entre paréntesis para referirme a ambos géneros.

En términos generales un Asesor(a) Inmobiliario, es la persona que presta servicios de intermediación, asesoramiento y gestión comercial en materia inmobiliaria a cambio de unos honorarios.

Esta definición representa a una persona que se ha formado en temas tales como: Atención al cliente, relaciones humanas, el mercado inmobiliario, marketing, publicidad, leyes inmobiliarias, entre otros. ¿Y me dices tú que porque vendiste la casa de tu tío ya te crees Asesor(a) Inmobiliario? ¡Venga Yaaa!

Señores, esta profesión no es fácil, aunque desde fuera lo parezca. Los propietarios creen que uno gana dinero solo por llevar clientes a sus inmuebles y los clientes creen que uno gana dinero solo por llevarlos a ver inmuebles y ¡Esto no es así!

Los asesores inmobiliarios le dedican mucho tiempo y recursos a su trabajo y a su profesión tanto en lo personal como en lo profesional.

Este es un trabajo que te absorbe la mayor parte del tiempo; para que tengas una idea, solo coordinando citas con dos o tres clientes para mostrarle a cada uno de ellos varios inmuebles se te puede ir todo el día y al final no vender nada. Por esta y muchas razones más, hay que hacerles saber a nuestros clientes y propietarios todo lo que hacemos en el día a día de nuestro oficio. Por otro lado, sí es verdad, que gracias a los ingresos producto del trabajo, los asesores pueden vivir bien o muy bien y planificar su tiempo para poder disfrutar de su vida personal y familiar.

A continuación, vamos a ver las definiciones genéricas y las diferencias entre estos tres términos para que podamos adaptar de forma correcta el que más se adapte a nuestro sistema de trabajo y a nuestro nivel de formación y preparación.

- **Un Asesor:** Es una persona que se dedica a asesorar, aconsejar o recomendar sobre alguna cuestión, en especial cuando se dedica a ello profesionalmente.

  Como se puede apreciar en esta definición, los asesores inmobiliarios son aquellas personas que se dedican al asesoramiento integral en el área de los bienes raíces.

- **Un Agente:** Es aquella persona que gestiona un área específica en nombre de otra a la que representa; ejemplo: Agente de seguros, agente de negocios, agente de ventas, agente comercial, etc.

  Partiendo de esta definición, un agente inmobiliario es aquella persona que trabaja para una agencia inmobiliaria y no se dedica al corretaje inmobiliario ni de forma independiente ni de forma particular.

- **Un Bróker:** Es aquella persona que actúa como intermediaria entre entidades financieras y sus clientes en materia de compra y venta de valores financieros y de acciones que cotizan en bolsa.

  Este término inglés es muy específico por su contexto. Los Brókers Inmobiliarios son aquellas personas que actúan como intermediarios entre las entidades financieras y las personas, pero específicamente en materia inmobiliaria.

Cabe destacar, que el término "Bróker Inmobiliario", es un término "Spanglish", ya que está compuesto de una palabra en inglés y otra en español. Nace en los EE. UU. y es muy utilizado por los asesores inmobiliarios de habla hispana que residen en ese país y en muchos países hispanohablantes.

- **Realtor:** Este término es el más usado en los países de habla inglesa para referirse a una asesora o asesor inmobiliario. Lo bueno de este término es que es utilizado para referirse a ambos géneros.

Diferencias entre los tres términos:

Los Asesores Inmobiliarios: Son aquellas personas que asesoran a sus clientes en todo lo relacionado al sector inmobiliario, ya sea que trabajen de forma independiente o para una agencia inmobiliaria.

Los Agentes Inmobiliarios: Son aquellas personas que realizan sus gestiones inmobiliarias específicamente para una agencia y no se dedican al corretaje inmobiliario de forma independiente.

Lo cierto es, que en la actualidad este término no se adapta a la realidad del sector, ya que cualquier persona que se dedica al sector inmobiliario, independientemente de la modalidad bajo la cual realice sus operaciones se hacer llamar "Agente Inmobiliario".

Los Brókers Inmobiliarios: Son las personas expertas en el asesoramiento a inversionistas, personas físicas o instituciones públicas y privadas en temas relacionados con la inversión y la financiación en el sector inmobiliario.

Actualmente existe un dilema con los títulos que utilizan las personas que trabajan en el sector.

Sé de personas que ni siquiera se han formado para trabajar en el área y ya se hacen llamar Brókers Inmobiliarios, parece que el término Asesor les da un poco de grima porque como no tienen la capacidad de asesorar a nadie, aparentemente les conviene más hacerse llamar Agente o Bróker inmobiliario.

Para mí, el término correcto y el que más se adapta a la generalidad de nuestro trabajo es el de asesor o asesora inmobiliario, ya que es inclusivo y además abarca todo el contexto laboral de nuestra área de trabajo; el cual es asesorar en cualquier tema o situación a nuestros apreciados clientes. Por esta razón, es el término que utilizo en mi caso personal y en todo el contenido de este material.

CAPÍTULO - 2

Las 3 Modalidades para trabajar en el Sector Inmobiliario

P ara que entiendas cómo funciona el mercado laboral inmobiliario, me gustaría hacerte una introducción al respecto. En la mayoría de los países, los asesores inmobiliarios cobran sus honorarios en base a una comisión por gestión y cierre de una operación inmobiliaria.

Un gran porcentaje de las agencias inmobiliarias, principalmente en los países de Sur y Centro América (entre otros países), no buscan asesores inmobiliarios para contratarlos como empleados con contrato fijo, en el mayor de los casos, son contratados bajo un contrato de prestación de servicios por comisión, como trabajadores autónomos o (TI) trabajadores independientes. Así que dependiendo de cómo trabajes, vas a cobrar.

¿Qué significa esto?

Que para iniciar tu carrera inmobiliaria tienes tres modalidades, que son las siguientes:

[1era.]
Como propietario(a) de una agencia inmobiliaria

[2da.]
Como Asesor(a) Inmobiliario Dependiente
(Agente Inmobiliario)

[3era.]
Como Asesor(a) Inmobiliario Independiente

[1era. Modalidad]
Como Propietario(a) de una Agencia Inmobiliaria

Tal y como su nombre lo indica, en esta modalidad entran todos aquellos asesores o profesionales de cualquier área que son propietarios o socios de una agencia inmobiliaria, independientemente de que trabajen o no en el sector.

Porqué digo ¿que trabajen o no en el sector?, porque en esta profesión incursionan profesionales de otras áreas relacionadas al mundo inmobiliario; principalmente Abogados, Ingenieros, Arquitectos, Administradores, entre otros profesionales y no tan profesionales...

¡Te aclaro lo de los puntos suspensivos! Eso es lo bueno que tiene esta profesión, que no tienes necesariamente que haber terminado una carrera universitaria para montar tu propia agencia, sólo basta con que tengas ganas de emprender, los conocimientos necesarios y el capital que se requiere para comenzar y listo ¡A facturar ☺!

Si vas a montar una agencia inmobiliaria desde cero tendrás que buscar asesoría para planificar y organizar todo el engranaje de lo que necesitarás, comenzando por inscribir "dar de alta" el nombre de la agencia en la entidad que corresponda, cumplir con los trámites burocráticos del país donde vas a operar, luego el local, el mobiliario, los equipos, la tecnología, la publicidad, en fin, todas las gestiones y recursos que conlleva montar una empresa de esta naturaleza.

Realmente, el capital que se necesita para montar una agencia inmobiliaria no es tan elevado como otros proyectos empresariales, todo dependerá de la magnitud del proyecto.

Por otro lado, necesitarás contratar personal para iniciar, por lo menos una secretaria para cuando te ausentes el negocio siga en marcha, ya que mayormente el campo de acción de una agencia inmobiliaria es la calle.

La secretaria te ayudará con los trámites administrativos, con la gestión del marketing, el social media o redes sociales, la gestión y administración de la página web y la atención a los clientes, tanto presenciales como la atención telefónica.

Si tienes la preparación necesaria para montar, gestionar y fungir de asesor(a) inmobiliario, puedes iniciar con una secretaria y lanzarte a la calle a buscarte la vida; aunque también, puedes contratar asesores que te ayuden con las gestiones cotidianas, todo va a depender de tu visión, recursos y los objetivos que te propongas conseguir a corto, mediano o largo plazo.

[2da. Modalidad]
Como Asesor(a) Inmobiliario Dependiente (Agente Inmobiliario)

Esta modalidad hace referencia a un asesor que trabaja para una agencia inmobiliaria y que no se dedica al corretaje inmobiliario de forma independiente.

Como vimos en el primer capítulo de este libro, el título correcto para una persona que trabaja para una inmobiliaria es "Agente Inmobiliario"; ¡Y ya sabes el motivo!

Lo mejor de esta modalidad es que si no tienes experiencia en el sector, te vas a relacionar con otros asesores y eso te ayudará a adquirir experiencia. Esto complementará la formación que hayas adquirido en el inicio de tu carrera y si ya tienes experiencia en el sector ganarás más experiencia porque *siempre hay algo nuevo que aprender*.

Otro punto importante de esta modalidad es, que normalmente las agencias tienen formaciones complementarias que te ayudarán a reforzar todos los conocimientos que tengas al iniciar tus labores y gestiones inmobiliarias.

La gran mayoría de las personas que se inician en este sector no cuentan con los recursos suficientes para montar una agencia inmobiliaria y con esta modalidad pueden comenzar a percibir ingresos a corto o medio plazo.

Como (AID-Agente Inmobiliario Dependiente o Agente Inmobiliario), tendrás asegurado un contrato de trabajo y "posiblemente" un sueldo fijo con todas las prestaciones laborales que por ley te corresponden como empleado o empleada, aunque no en todos los países las agencias contratan asesores bajo esta modalidad de trabajo. ¡Tranquilo-Tranquila! abordaremos cabalmente estas últimas tres líneas en el capítulo titulado: ¿Hablamos de dinero?

[3era. Modalidad]
Como Asesor(a) Inmobiliario Independiente

Los asesores inmobiliarios que trabajan de forma independiente, en pocas palabras, son aquellos que trabajan para ellos mismos; ni trabajan ni son propietarios de una agencia inmobiliaria. Todos los honorarios que perciben por las gestiones que realizan van directo a sus bolsillos, pero todo tiene sus ventajas y desventajas; tema que trataremos a profundidad más adelante.

En muchos países, principalmente en Sur y Centro América, aproximadamente el 65% de los asesores inmobiliarios trabajan de forma independiente; esto quiere decir, que trabajan desde sus casas, desde una oficina de abogados o una oficina tradicional. Bajo esta modalidad los asesores se libran de pagar impuestos y todos los honorarios que generan son para ellos.

Regularmente, no están registrados como (TI - Trabajadores Independientes) o autónomos como se les llama aquí en España.

Esta práctica no es muy común en Europa y EE. UU., aunque en estos países ya existen agencias inmobiliarias virtuales con todas las herramientas y plataformas tecnológicas necesarias para emplear a todas aquellas personas que desean iniciarse en este sector de forma independiente. Las condiciones básicas para entrar en estas agencias son:

✓ *Estar regularizado como autónomo (En España) o trabajador independiente (TI) en otros países.*

✓ *Pagarle al estado los impuestos correspondientes a esta modalidad y contratar a un asesor o asesora para que te gestione el papeleo que conlleva ser trabajador autónomo.*

✓ *Pagarle un porcentaje de los honorarios que generes a estas empresas por el cierre de todas y cada una de tus operaciones inmobiliarias.*

✓ *Entre otras condiciones...*

¿Te hago una sugerencia?

Para comenzar a trabajar como Asesor Inmobiliario Independiente, lo primero que debes tener en cuenta es el hecho de que el sector inmobiliario no es como otros sectores del comercio, donde si tu ofreces un producto o servicio hoy mañana mismo te pueden llover los clientes; dependiendo lo que vendas ¡claro está! En este sector las ventas tardan más en llegar, los arriendos salen más rápidos, pero nunca se sabe cuándo llegará el inquilino o arrendatario ideal para cerrar el alquiler de un inmueble, así que, por mi experiencia en esta modalidad te comento lo siguiente:

Si no tienes el dinero suficiente para sostener tu economía durante dos o tres meses, mejor trata de entrar en una agencia y luego, cuando sientas que cuentas con la experiencia y los recursos necesarios, entonces, te puedes independizar.

CAPÍTULO - 3
Los Pros y los Contras de estas 3 modalidades

- 1era. Modalidad -
Como Propietario(a) de una Agencia Inmobiliaria

- **Los Pros:**

✓ Una agencia es la modalidad más efectiva en todos los sentidos para el área inmobiliaria; genera confianza, seguridad, seriedad y tiene más visibilidad de cara a los clientes.

✓ El crecimiento y desarrollo del negocio es mayor y más rápido, generando más ingresos y prosperidad económica.

✓ Tienes más soporte en todas las áreas para desarrollar las gestiones inmobiliarias de forma estructurada, organizada y más productiva.

✓ Se consigue más reputación empresarial y referencias a medida que la confianza crece en la mente y en el sentir de los clientes.

✓ La presencia es más amplia, ya que un local atraerá a los clientes de toda la zona de actuación de la agencia.

- **Los Contras:**

✓ Deberás contar con un capital para invertir, además de un presupuesto a futuro por si las cosas no salen como esperas.

✓ Como empresa, tienes más responsabilidades y más gastos derivados del negocio; pago de impuestos, local (Si no tienes uno), empleados, servicios, etc.

✓ No dispones de tiempo libre como un AII porque debes cumplir un horario de oficina para poder dar un servicio de calidad; aunque como eres el jefe o la jefa ¡Puedes hacer lo que te plazca...!

✓ Tu preparación a nivel profesional debe ser integral ¿Qué significa esto? Que además de poseer una buena formación en el sector inmobiliario, debes poseer otras cualidades profesionales propias del puesto; tales como: Administración, gerencia, relaciones humanas, liderazgo, entre otras cualidades básicas.

Como puedes apreciar, en esta modalidad hay más PROS que CONTRAS, así que, viendo lo visto tú decides si puedes empezar con esta modalidad o no. Lo que sí te recomiendo es, que si vas a montar tu agencia inmobiliaria lo hagas de la mejor manera posible para que no tengas que lamentarte después por las pérdidas económicas y por la frustración de no haber tenido el éxito esperado; ¡Aunque de los errores se aprenda!

- 2da. Modalidad -
Como Asesor(a) Inmobiliario Dependiente (Agente Inmobiliario)

- **Los Pros:**

✓ No tienes que contar con un capital para comenzar a trabajar.

✓ Trabajarás amparado por el apoyo y soporte de una marca.

✓ Cuentas con todas las herramientas necesarias para desarrollar la actividad sin invertir nada.

✓ Trabajarás con un equipo que te ayudará a adquirir experiencia.

✓ Tendrás a tu disposición una cartera de propiedades y clientes para comenzar a trabajar y a vender desde que te inicias.

✓ Contarás con un sueldo y todas las prestaciones laborales que por ley te corresponden desde que inicies; eso sí, dependiendo del país en el que ejerzas.

✓ Todo este entramado te ayudará a adquirir las experiencias necesarias que necesitas para iniciar tu carrera en el sector de forma efectiva y productiva; lógicamente, si eres nuevo o nueva en el sector inmobiliario.

- **Los Contras:**

✓ Si trabajas por comisión, sin sueldo fijo, tus ingresos dependerán de los honorarios que generes con la venta y la renta de inmuebles.

✓ Si trabajas por un sueldo fijo, por lo general limitas los ingresos que podrías recibir producto del cierre de tus operaciones comerciales, ya que muchas veces estos honorarios superan la media de un sueldo anual.

✓ Dependiendo de la agencia en la que seas contratado o contratada, tu creatividad, habilidades y talentos pueden verse rezagados o estancados debido a que cada agencia tiene sus propios métodos de trabajo y posiblemente no podrás implementar los tuyos.

Como puedes apreciar, en esta modalidad también ganan los PROS, así que, igual como hice yo, mi sugerencia es la siguiente: Si te estas iniciando en este sector y careces de recursos para montar una agencia, pero además no tienes todos los recursos para lanzarte como AII, entonces, esta es tu modalidad. Yo lo hice, aprendí mucho y me permitió avanzar y evolucionar hasta tal punto de poder entrar a trabajar como comercial inmobiliario para el fondo de inversionistas más importante España.

- 3era. Modalidad -
Como Asesor(a) Inmobiliario Independiente

- **Los Pros:**

✓ Todos los ingresos que generes producto de tu trabajo son para ti.

✓ Eres tu propio jefe o jefa, no cumples horarios ni normas de oficina.

✓ Te representa tu propio nombre o puedes crear una marca que te represente.

✓ Tu creatividad, habilidades y talentos salen a la luz, ya que tú eres el creador de tu propia realidad, de tu trabajo y de tus sueños.

✓ Tus relaciones personales y profesionales se multiplican exponencialmente.

✓ Con el tiempo, te puedes organizar y avanzar al siguiente nivel, ya sea que te regularices como trabajador autónomo o montes tu propia agencia.

✓ Tu éxito o fracaso dependerán única y exclusivamente de ti. (Dependiendo de tu actitud y determinación, esto puede ser un PRO, pero también puede ser un CONTRA... ☹)

- **Los Contras:**

✓ Tienes un gran reto por delante.

✓ Debes tener un medio de vida temporal que no tenga que ver con tu trabajo de asesor(a), ya que los recursos económicos producto de tu trabajo puede que tarden un poco en llegar. Recuerda; ¡Todos los comienzos son difíciles!

✓ Se te hará más difícil adquirir experiencia; la irás adquiriendo sobre la marcha mientras aprendes de los errores.

✓ Al principio vas a estar solo o sola; por eso es tan importante aliarte con otros asesores para que aprendas de ellos y para que tu proyecto despegue lo más rápido posible.

✓ Tienes que estar más preparado que la media en todos los asuntos y gestiones que tienen que ver directamente con el trabajo inmobiliario y con otras áreas involucradas en este sector.

Otra vez ganan los PROS, eso significa que no importa la modalidad en la cual te puedas iniciar en este sector, lo importante es que lo sepas hacer y lo hagas bien, que aprendas de los que ya han recorrido el camino, te dejes guiar y le pongas ganas, dedicación y esfuerzo, y verás que todo va a ir bien.

¡Y que los CONTRAS no te detengan!

¡Mi recomendación en torno a este tema!

Después de terminar el curso de Agente Inmobiliario de Cataluña–(AICAT) homologado por la Generalitat de Cataluña, que realicé en la ciudad de Barcelona, enseguida me puse a buscar trabajo en el área y al cabo de varios días fui contratado por la agencia inmobiliaria (Finques SAFA) de esta misma ciudad.

Mi diploma de Agente inmobiliario - (AICAT)

¿Por qué hice esto? Primero porque no tenía recursos para montar una agencia, segundo; porque quería adquirir experiencia y comenzar a trabajar y a generar ingresos lo antes posible, ya que en ese momento estaba en paro (Desempleado).

Esta agencia no me pagaba ningún sueldo, ni dietas, ni para el combustible me daban, el pago era por comisión de operaciones cerradas, pero aun así acepté porque la idea que tenía en mente era la de adquirir conocimientos y experiencia para poco a poco ir subiendo de nivel.

Lo primero que hizo el señor Jordi, el dueño de la agencia, fue darnos una formación sobre las captaciones a todo el grupo que entraba nuevo y enseñarnos a hacer llamadas de captación y todas las demás gestiones propias del puesto.

En esta agencia no duré mucho tiempo, pero logré adquirir muchos conocimientos importantísimos en mis inicios. Me puse el sombrero de Agente Inmobiliario, me enfoque y logre en muy poco tiempo adaptarme al puesto. Al cabo de un mes o dos, logré cerrar algunos alquileres y me sirvió de trampolín para conseguir mi siguiente puesto de trabajo en Madrid como Comercial Inmobiliario para un prestigioso fondo de inversionistas americano. En conclusión; ¡Fue una gran experiencia!

Mi recomendación es la siguiente:

Si eres nueva(o) en el sector busca una agencia donde complementen tu formación y en la cual puedas relacionarte con profesionales del sector para adquirir conocimientos y experiencias. De esta manera te vas formando para luego tomar la decisión que más te convenga; y si ya tienes experiencia en el sector y ya tienes clara tu modalidad, adelante ¡Espero que te vaya bien!

"Cuando el trabajo es un placer, la vida es hermosa. Pero cuando el trabajo es un deber, la vida es esclavitud."

Henry Ford

CAPÍTULO - 4
¿Hablamos de dinero?

Antes de entrar en materia te quiero motivar.☺ Y para hacerlo te mostraré la cantidad de dinero que puedes llegar a ganar en esta profesión. Veremos las formas de generar ingresos y cuál es el sistema de pago más usado por las empresas del sector.

Tal y como hemos mencionado en el capítulo anterior, en la mayoría de los países, los asesores inmobiliarios cobran sus honorarios en base a unos porcentajes por las gestiones y cierres de las operaciones inmobiliarias que manejan.

La mayoría de las agencias inmobiliarias, principalmente en los países de Sur y Centro América; entre otros países, no buscan asesores inmobiliarios para contratarlos como empleados con contrato fijo, en la mayoría de los casos son contratados bajo un contrato de prestación de servicios por comisión, como trabajadores autónomos o (TI) Trabajadores Independientes. Así que, dependiendo de cómo trabajes vas a cobrar.

Sin embargo, es bueno recalcar que en España, en algunos países de la Unión Europea y en los Estados Unidos muchas agencias contratan asesores inmobiliarios en plantilla, algunas con un sueldo fijo y otras con un sueldo base más un porcentaje de las comisiones que generen con sus operaciones comerciales.

De esta forma, si resides en uno de estos países puedes conseguir fácilmente un trabajo como asesora o asesor inmobiliario; aunque también te puedes encontrar con alguna agencia que te quiera contratar bajo un contrato de prestación de servicios bajo comisión; o sea, que te puedes encontrar con cualquier modalidad laborar independientemente del país donde vayas a ejercer la profesión.

Ahora veremos la pasta (El Dinero ☺) que puedes llegar a ganar en este trabajo y bajo que tipos de servicios se generan estos ingresos, pero antes de eso es bueno que sepas qué son los honorarios.

He mencionado este término en varias ocasiones; aquí te lo explico:

Los honorarios, son el pago que reciben las personas que prestan un servicio de manera independiente a una empresa o individuo. Esto quiere decir, que estos colaboradores brindan un servicio pero no hay subordinación en este vínculo y tampoco hay salario. Lo que hay es un pago por honorarios.

En estos últimos años los profesionales inmobiliarios han cambiado el término (Comisión) por (Honorarios); ¿Por qué? Por la mala interpretación que le daban algunos propietarios al dinero generado por el cierre de una operación inmobiliaria, ya que el término era interpretado como dinero fácil para los asesores y las agencias, y el término "Honorarios" hace referencia a un dinero ganado por el trabajo y el esfuerzo de parte de una persona o empresa.

En la mayoría de los países se cobran honorarios por dos tipos de gestiones inmobiliarias que son:

A) *Por la renta, arrendamiento o alquiler de inmuebles.*

B) *Por la venta de inmuebles.*

En algunos países de Sudamérica existe otro tipo de gestión inmobiliaria llamada "Anticresis".

Un anticrético, que es como se le llama, es una operación inmobiliaria donde el propietario de un inmueble recibe un dinero a cambio del uso de su inmueble por un tiempo determinado, con la condición de que al final del contrato, dicho propietario le devuelva al anticresista la misma suma de dinero pactada en el contrato.

En los anticréticos, los honorarios que cobran los asesores son los mismos generados por la gestión y cierre de una venta. Todo va a depender del país donde se realice dicha gestión inmobiliaria.

A) *Honorarios por la Renta de Inmuebles:*

Por el cierre del alquiler de un inmueble, en la mayoría de los países se cobra el mismo importe del coste de un mes de renta como honorarios, aunque existen agencias y asesores que se ponen de acuerdo con el propietario para cobrar la mitad o un porcentaje del valor de un mes de alquiler. Esto se hace mayormente en inmuebles con rentas de alto valor y siempre es una negociación entre las partes.

Suponiendo que estas en España y cierras el alquiler de un piso (Apartamento) "tu sola(o)" que vale 700€ euros, tus honorarios como asesor serían de 700€ euros.

Resalto las palabras "tu solo(a)" por la salvedad de que si has cerrado el negocio gracias a que el cliente lo trajo otro colega y el piso lo has captado tú o viceversa y cierran el trato entre los dos, en la mayoría de los casos cada uno recibe el 50% de los honorarios, o sea, 350€ euros para cada uno.

Esto sucede en todos los países; aun no conozco, ni he escuchado, ni visto a ninguna agencia o asesor que por lo general cobre menos de estos honorarios, exceptuando algunos compañeros que cobraban sólo el 50% del mes de renta como honorarios. Esto lo hacían para cerrar más operaciones por la renta de inmuebles.

B) *Honorarios por la Venta de Inmuebles:*

Al igual que los arrendamientos, los honorarios generados por la gestión y cierre de la venta de inmuebles varían dependiendo del país donde trabajes.

En España, por ejemplo, generalmente la operación establece unos honorarios sobre el precio final de venta que oscila entre un 3% y un 7% más la suma del 21% del IVA (Impuesto sobre el Valor Añadido). En los EE. UU. los honorarios son muy parecidos a los de los la UE, van del 3 al 6% del precio final de venta de un inmueble.

Sin embargo, en Bolivia, donde trabajé como AII, la comisión por venta de inmuebles va de un 5 a un 7% del precio final de venta y, por ejemplo, en la Republica Dominicana donde también he trabajado, el porcentaje que se cobra regularmente es del 10%, pero recuerda que este porcentaje varía de acuerdo al tipo de inmueble y el precio de venta.

Existen varios factores que influyen en el porcentaje de los honorarios que se reciben por el cierre de una venta inmobiliaria.

En el caso del 3%, es más habitual en viviendas de obra nueva, aunque esto puede variar dependiendo de la promotora que vende los inmuebles.

En inmuebles de segunda mano, por lo general es del 3 al 5% y si el inmueble está ubicado en una localidad muy demandada, existe la probabilidad de que la agencia pacte sus honorarios con el propietario entre un 6 o un 7%, pero como he comentado anteriormente, estos factores siempre son orientativos y van a depender de la negociación entre las partes.

Si el precio del inmueble es muy alto por tratarse de una vivienda de alto valor, la agencia puede bajar los honorarios de un 1,5% hasta un 3% como máximo para que el importe a pagar no resulte tan exagerado y de esta forma lograr captar el inmueble en venta.

Realmente, en España no existe una normativa al respecto y en la mayoría de los países pasa lo mismo, exceptuando a los EE. UU. donde las leyes inmobiliarias están muy controladas y supervisadas; en los demás países, por lo general, todo dependerá exclusivamente de la competencia del mercado.

Para que te hagas una idea, si trabajas como AII en España para una agencia virtual, por ejemplo, y vendes un inmueble valorado en 85,000€, normalmente los honorarios que genera esta operación salvo los gastos de gestión en los cuales puedes incurrir, tales como; acondicionar el inmueble para su venta, cubrir el contrato de compraventa, entre otros, es del 5% del precio de venta final; o sea, 4,250.00€; ¡Nada mal verdad!☺

Esto será así siempre y cuando hayas realizado la captación del inmueble y también hayas realizado el trabajo de conseguir el comprador. Y recuerda que como trabajas para una agencia, ellos trabajan con una tabla de valores para distribuir los honorarios; ellos se quedarán con un porcentaje que oscila entre el 60 y el 70%, siempre dependiendo de las ventas que generes, mientras más vendas más porcentaje ganas, mientras menos vendas menos porcentaje ganas.

Ahora bien, como he mencionado anteriormente, esto tiene sus condicionantes; por ejemplo, si la venta la realizaste con la colaboración de otro asesor porque el inmueble lo has captado tu y el otro asesor te consiguió el comprador o viceversa, los honorarios se dividen entre los dos asesores y esto sucede igualmente con los arrendamientos y los anticréticos.

Otra posibilidad es, que si trabajas para una agencia por comisión, y digo "comisión" porque es una operación que se realiza entre tú como asesor o asesora y la agencia; la agencia se lleva la mejor parte del pastel y puede que tú como asesor cobres de un 20 a un 30% del 5% que genera la venta de un inmueble; todo dependerá de las condiciones de la agencia y de tu categoría como asesor en dicha agencia.

Recuerda que el tema de los honorarios varía de un país a otro, así que tienes que asesorarte en el país donde residas para saber cuáles son los ingresos que se perciben por el cierre de las operaciones inmobiliarias que se realizan, tanto las agencias inmobiliarias como los asesores de tu zona.

Por ejemplo, en la República Dominicana y Bolivia, lugares donde he trabajado, los honorarios que se perciben por los arrendamientos es igual que en España; sin embargo, el tema de los honorarios por venta de inmuebles varía ligeramente.

Para cerrar con el tema del cobro de honorarios, es bueno que sepas que esta profesión es una de las mejores pagadas del sector comercio, ya que con una buena operación que un asesor logre cerrar se puede ganar el sueldo medio anual de un empleado regular de cualquier empresa y te muestro un ejemplo real de esto.

Cuando estuve trabajando en Bolivia como asesor independiente, vendí un apartamento valorado en US$75.000 dólares americanos, y lo vendí yo solo, porque capté el inmueble, lo promocioné y conseguí al comprador; esta venta me generó unos honorarios de US$2.250,00, ya que yo había pactado mis honorarios en un 3% con los propietarios.

Continuando con la idea, el sueldo de un empleado medio en Bolivia es de unos 2,500Bs (Bolivianos/Mes), unos US$360 dólares, si dividimos US$2,250 entre US$360 da como resultado 6,25, o sea, que en una sola operación en la cual tardé menos de un mes en cerrar, generé los ingresos que un empleado medio en Bolivia tardaría en generar seis (6) meses y una semana. ¡A que es una buena profesión!☺

Y para concluir con el tema, me gustaría comentarte, que no es fácil lograr cerrar operaciones como esta de la noche a la mañana, hay que reunir un conjunto de condiciones profesionales, personales y técnicas para lograr hacer un trabajo integral y efectivo que te permita generar los ingresos suficientes como para vivir de esta profesión.

Y antes de concluir te diré lo siguiente:

*Si yo lo pude hacer ¡Tú también lo puedes lograr!
Solo es cuestión de enfoque y dedicación.*

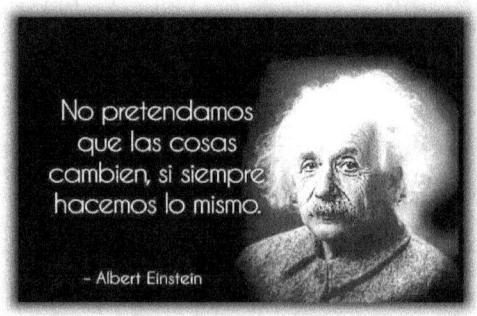

Es fácil si lo ves fácil y difícil si lo ves difícil.

¡Todo depende del cristal con que se mire!

Si tanta gente ha logrado vivir, y vivir muy bien con esta profesión, estoy seguro de que tú también lo lograrás, sobre todo si te dejas guiar y llevar de la mano de alguien que ya ha recorrido el camino.

Así que ¡Adelante!

CAPÍTULO - 5

Los Bienes Raíces y el Mercado Inmobiliario

A continuación, vamos a exponer y detallar las bases en las que se fundamenta el negocio inmobiliario. En estas bases se originan todas las gestiones de renta, compra, venta y las demás operaciones que genera este sector.

Este apartado es muy importante como cultura general, ya que todo el sector inmobiliario esta centralizado en estas bases, las cuales son las que generan todas las operaciones, gestiones y procedimientos relacionados con este sector.

Este capítulo te servirá de base formativa; los conceptos, términos y definiciones te ayudarán a entender cómo funciona este sector, como está compuesto y que tan importante es en la sociedad.

No te pienso marear con toda la teoría relacionada con este tema, ya que el objetivo de este material es que te centres en lo más importante, en lo más relevante para que puedas desarrollar tu trabajo de la manera más eficiente y productiva posible, ya que el trabajo inmobiliario es práctica y repetición en la mayoría de las gestiones, aunque sí que es importante que tengas las bases teóricas que te ayudarán a entender mejor el mundo laboral en el que te desenvuelves.

¿Qué son los Bienes Raíces?

Son aquellos bienes que no se pueden mover o trasladar del lugar en donde están; por esta razón, también se les denomina "Inmuebles o Bienes Inmuebles". En ingles se traduce como (Real Estate).

Entre estos bienes inmuebles tenemos:

✓ Los terrenos, solares o lotes
✓ Las edificaciones sobre o bajo tierra
✓ Las mejoras de inmuebles
✓ Las casas, villas, chalés, etc.
✓ Los edificios, los condominios
✓ Los locales comerciales
✓ Las naves industriales
✓ Entre otros

¿Qué es el Mercado Inmobiliario?

Son las diferentes acciones y operaciones que pueden presentarse con los bienes raíces que pertenecen al sector de la construcción. De esta manera, se generan relaciones en las que participan diferentes actores que son los que intervienen en estas acciones; estos actores son: Las constructoras o promotoras, los bienes inmuebles, los oferentes y los demandantes.

Por tanto, se observarán dos operaciones principales, que son:

La Compraventa y el Arrendamiento.

El proceso de compraventa de inmuebles consiste en la transferencia de la propiedad de un bien inmueble (como una casa, departamento o terreno) de una persona a otra, a cambio de un precio pactado. Este proceso inicia con la negociación entre comprador y vendedor, sigue con la firma de un contrato de compraventa (que puede ser privado o ante notario), y culmina con el otorgamiento de la escritura pública y su inscripción en el registro de la propiedad, lo que garantiza la legalidad y seguridad jurídica del acto.

Por otro lado, el arrendamiento de inmuebles es un contrato mediante el cual una parte (arrendador) cede temporalmente el uso y disfrute de un inmueble a otra (arrendatario), a cambio de una renta periódica.

Este acuerdo debe especificar aspectos como la duración del contrato, el monto del alquiler, las condiciones de uso del inmueble y las obligaciones de ambas partes. Aunque no transfiere la propiedad, el arrendamiento genera derechos y deberes legales mientras esté vigente.

- La Industria Inmobiliaria -

La magnitud de la industria inmobiliaria es tan potente que es capaz de mover la economía de un país, ya sea para bien o para mal; todo va a depender del buen desenvolvimiento de las instituciones que entran en juego para que el sector sea de beneficio para todos los involucrados. Las áreas que abarca esta industria son:

- ✓ El desarrollo inmobiliario - (Sector construcción).
- ✓ La promoción de proyectos inmobiliarios - (Las promotoras).
- ✓ La financiación y préstamos hipotecarios.
- ✓ Las acciones y leyes gubernamentales que regulan el sector.
- ✓ La administración de fincas y proyectos inmobiliarios.
- ✓ La intermediación y comercialización de bienes raíces.

Esta industria se clasifica en tres grandes tipos de mercados:

A. *Mercado Inmobiliario Residencial*

B. *Mercado Inmobiliario Industrial*

C. *Mercado Inmobiliario Comercial*

A.- El Mercado Inmobiliario Residencial:

Es el mercado inmobiliario más común; los activos (Inmuebles) que se manejan son aquellos que proporcionan alojamiento permanente a personas; viviendas como casas, apartamentos, chalés, villas, edificios residenciales, etc. Podemos hablar de dos tipos de clasificación; viviendas mono familiares y multi familiares.

Las mono-familiares son inmuebles donde solo vive una familia; como una casa, un apartamento, una villa, un chalé o cualquier otro tipo de vivienda que proporcione alojamiento a una o más personas.

Las multifamiliares son edificios de apartamentos o condominios donde una comunidad de vecinos comparten el edificio, además de todos los servicios y amenidades de los que este dispone.

B.- <u>El Mercado Inmobiliario Industrial</u>:

Se compone por activos (Inmuebles) cuyo uso tienen por finalidad llevar a cabo operaciones de elaboración, transformación, tratamiento, reparación, manipulación, almacenaje y distribución de productos materiales.

En este mercado, estamos hablando de inmuebles de mayor envergadura e individualizados, ya que serán utilizados para fines industriales. Entre ellos podemos mencionar los siguientes tipos de inmuebles; locales empresariales, fábricas, naves industriales, depósitos de mercancías, etc.

Regularmente, las agencias y asesores independientes no se centran en alimentar su cartera de propiedades con este tipo de inmuebles, ya que su comercialización es más escasa que los inmuebles del mercado residencial; sin embargo, es un mercado interesante por la magnitud y el valor de este tipo de inmuebles y operaciones.

C.- El Mercado Inmobiliario Comercial:

Estos activos tienen por finalidad la prestación de servicios al público en general, a las empresas y a los organismos; tales como: Servicios de alojamiento temporal, comercio al por menor en sus distintas formas, información, administración, gestión, actividades de intermediación financiera u otras similares.

Es un mercado con mucha actividad, ya que el comercio engloba casi todas las actividades sociales y comerciales que podamos imaginar; por esta razón, prácticamente todos los agentes involucrados en la comercialización de inmuebles manejan este tipo de inmuebles por varias razones; por la rápida salida que tienen en el mercado y por el margen de beneficio que genera su comercialización a las agencias y a los asesores.

Entre estos activos podemos mencionar: Los locales comerciales al por menor y al por mayor, oficinas empresariales, locales para tiendas de todo tipo, hoteles, bares, restaurantes, etc., etc., etc.

LA IMPORTANCIA DE LA INDUSTRIA INMOBILIARIA EN LA ECONOMÍA DE UNA NACIÓN

El mercado inmobiliario es el activo tangible más importante de una nación, ya que repercute en el empleo, en el PIB (Producto Interno Bruto) e influye directamente en el desarrollo y crecimiento de la economía de un país.

❖ Contribuye al desarrollo de una nación porque:

- Promueve inversiones tanto internas como externas.
- Desarrolla bienes inmuebles que son activos tangibles.
- Contribuye al crecimiento y desarrollo de las entidades financieras.
- Contribuye con el PIB aportando bienes, capital, producción y consumo.
- Genera fuentes de empleo a corto, medio y largo plazo.

En esta industria, la intermediación inmobiliaria juega un papel muy importante a la hora de procesar todas las operaciones y gestiones del sector con los actores involucrados, ya que es el eje central del comercio, el cual hace que fluyan todas las operaciones inmobiliarias para el buen funcionamiento del mercado.

CAPÍTULO - 6

Las 7 Píldoras para Triunfar en el Sector Inmobiliario

En la formación y preparación de un comercial inmobiliario entran en juego muchos temas o áreas, algunos relevantes otros no tanto, pero lo ideal es conocer y abarcar el mayor abanico de áreas relacionadas con la profesión para poder realizar un trabajo limpio, efectivo y sin fisuras.

Sabemos, que para realizar cualquier tipo de trabajo debemos poseer una formación mínima, en algunos casos básica, en otros más especializada y esta área no es la excepción porque este sector abarca múltiples facetas que debemos dominar para tener éxito en nuestro trabajo y poder mantener ese éxito.

Después de un exhaustivo tiempo de estudio sobre estos temas, basándome en mi experiencia y en la de algunos de mis colegas más cercanos, he determinado que todo asesor o asesora debe manejar de forma integral siete áreas, áreas en las cuales se fundamenta todo el trabajo inmobiliario.

A estas áreas les he llamado "Píldoras" para hacer más ameno el contenido de estas.

Esta suma de conocimientos te permitirá tener un buen dominio de esta profesión para que destaques sobre los demás, pero no solo por eso, porque esto no es cuestión de competencia, es cuestión de supervivencia.

Si estas más o mejor preparado(a) que la media de tus compañeros seguro que te irá mejor, no porque seas mejor, si no, porque te has formado y preparado mejor para la batalla. Así funciona el mundo laboral y así lo tenemos que entender y asimilar.

Con estas siete píldoras tendrás el tratamiento perfecto para combatir los virus más peligrosos que afectan a los asesores inmobiliarios. Entre estos virus tenemos: La "No Se-Nitis", "Voy a Ver-Nitis", "Mañana Seguro-Nitis", "Lo Siento-Nitis", "Perdóneme-Nitis" y así un sin número de virus más.☺

En este capítulo vamos a resumir brevemente en qué consisten cada una de estas áreas para que tengas una idea general de lo que tienes que dominar para triunfar en este sector y convertirte en una asesora o asesor Inmobiliario de ÉXITO.

Seguro que te habrás dado cuenta de que uso mucho el término "Integral" y la razón es simple, me encanta su potencial y su contexto:

◈ INTEGRAL:

"Que comprende todos los aspectos o todas las partes necesarias para estar completo"

¿A que es muy potente? ¡Me encanta! Porque si la formación no es integral, entonces, es incompleta y con este material lo que quiero es lograr que al final del camino cuentes con una formación integral que te permita romper todos los esquemas, que cuando te lances a trabajar todos vean que estas bien preparado o preparada, lo cual se notará en tus acciones y en tu desenvolvimiento laboral.

Presta mucha atención a cada uno de estos temas y trata de profundizar en ellos porque de aquí en adelante se encuentra la base del trabajo inmobiliario.

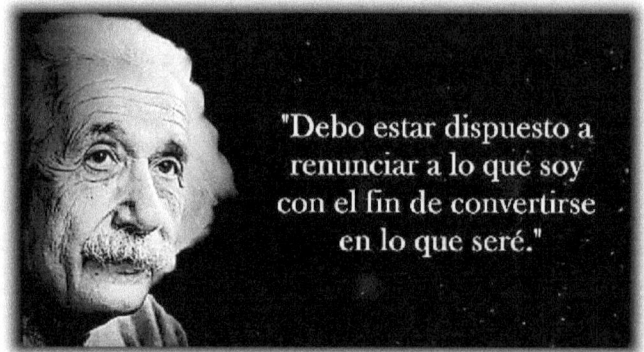

Las 7 Píldoras para Triunfar en el Sector Inmobiliario

Estas áreas son:

1) La Personalidad Magnética Orientada al Sector Inmobiliario

2) El Branding – (Tu Marca)

3) Leyes Inmobiliarias y Documentación necesaria para realizar este trabajo

4) Tasaciones y Valoraciones de Inmuebles

5) La Gestión Bancaria y Financiera

6) Captación Inmobiliaria 360°

7) Marketing Inmobiliario 360°

A CONTINUACIÓN,
VAMOS A EXPONER
CADA UNA DE
ESTAS ÁREAS...

1era. Píldora

<u>La Personalidad Magnética orientada al Sector Inmobiliario</u>

"La Personalidad Magnética es un conjunto de cualidades y habilidades positivas bien marcadas en la personalidad de un individuo, las cuales las convierten en personas interesantes, impactantes y dignas de tratar"

El tema de la personalidad magnética es un tema muy amplio, interesante y nuevo a la vez para la gran mayoría de los profesionales del sector.

Es aquella capacidad que tienen algunas personas para destacar todos los rasgos que las hacen encantadoras, pero sobre todo, que son capaces de transmitir dicho encanto a los demás llegando a cautivarnos. Estos rasgos se basan en distintas cualidades y habilidades que forman parte de la personalidad de un individuo o pueden ser adquiridas. Cualidades tales como: El carisma, la empatía, la autoestima, la seguridad en sí mismos, el sentido del humor, etc.

A mi entender, es una forma muy positiva, pero sobre todo productiva de interactuar con los demás, convirtiéndonos en personas extrovertidas, afables y más sociables.

Esta forma de ser nos abre las puertas a nuevas posibilidades y oportunidades tanto sociales como profesionales, además de fortalecer nuestra personalidad aportándole valor a nuestras vidas.

Es por este motivo que este patrón de perfiles se ha vuelto tan valioso en las grandes corporaciones y el mundo del comercio. Es cierto que la tecnología ha avanzado bastante en estos últimos años y ha cambiado la forma en que el ser humano se relaciona y se comunica, pero es importante recalcar que el mercado inmobiliario es uno de los pocos sectores que siempre va a requerir de personas trabajando de la mano con clientes reales.

Está claro, que no todos nacemos con una personalidad magnética, pero hay que tener en cuenta, que si queremos destacar en este sector tan competitivo en el que nos desenvolvemos debemos desarrollar y pulir nuestra personalidad hasta el punto de convertirnos en personas de impacto, personas que se hacen sentir cuando se relacionan con los demás, que se destacan en su profesión y con el medio social que les rodea.

Sé, que muchas de las personas que lean este libro pensarán ¿Y qué tiene que ver este tema con el sector inmobiliario? Pues aprovecho este apartado para responderles:

Quédate con esto, cualquier profesional con un magnetismo personal bien marcado y que domina un tema a medias tendrá más éxito que uno que es experto en ese tema pero que causa indiferencia.

Y esto es así porque primero compramos a la persona y después su producto o servicio.

Este es un sector donde se trata con personas, no con inmuebles. ¿Qué significa esto? Que si no posees las cualidades humanas necesarias para conectar de forma positiva con tus clientes vas a perder la oportunidad de cerrar muchas operaciones comerciales y al mismo tiempo, las referencias personales que te pueden aportar dichos clientes serán NINGUNA.

Lamentablemente, este es un tema olvidado por muchos eruditos en la materia que se dedican a la formación y al entrenamiento del sector; pero yo estoy aquí para hablar de esto y demostrar la importancia de este tema para un comercial, principalmente en nuestro sector.

Esta es la razón por la cual es tan importante poseer una personalidad magnética en este sector y en el ámbito de los negocios.

¡Espero haber respondido tu inquietud!

 Existen personas como el de la foto *¡Yop!* ☺, que no nacimos o no desarrollamos una personalidad bien definida en nuestra niñez o nuestra adolescencia; sin embargo, hay otras que sí nacieron o desarrollan estas cualidades en el transcurso de su vida.

Estas últimas, son personas que le caen bien a casi todo el mundo, que su presencia; "No necesariamente su apariencia", es llamativa, agradable y se hacen sentir donde quiera que van.

Lo bueno de todo esto es, que según los estudiosos en la materia podemos hacer que nuestra personalidad evolucione y pasemos de tener una personalidad de "Pensamiento Introvertido", que es como les llaman los expertos a los "Tímidos", a una personalidad de "Pensamiento Extrovertido", que es el tipo de personalidad que poseen las personas de las que estamos hablando.

Con relación a este tema, pienso que las motivaciones principales para que una persona pase de tener una personalidad de pensamiento introvertido a una personalidad de pensamiento extrovertido son:

El deseo de superación, la necesidad y una actitud positiva.

A diferencia de otros sectores del comercio, en el sector inmobiliario no vas a vender más porque seas un buen vendedor, o porque sólo te hayas formado con cursos y talleres relacionados con el área. A diferencia de lo que piensan la mayoría de los dueños de agencias, profesionales y "entendidos" en la materia para ser un comercial inmobiliario integral sólo tienes que dominar <u>dos elementos básicos</u> y a estos agregarle algunos complementos, los cuales veremos más delante:

El primero es: <u>*Tu Área de Trabajo*</u>; o sea, tienes que manejar y dominar cabalmente los asuntos y gestiones relacionados con el oficio para poder cubrir y satisfacer las necesidades de tus clientes.

El segundo es: <u>*Desarrollar una Personalidad Magnética*</u>.

Ya sabes, que para lograr dominar el primero lo único que tienes que hacer es prepararte y formarte lo mejor que puedas, además de ir adquiriendo experiencias, pero ya para la segunda se complica un poco más la cosa porque para dominar el segundo elemento tienes que aprender a ser un experto o una experta en *relaciones humanas* o por lo menos ser bueno o buena en esta área.

¡Así como lo lees! Y la razón es simple; no cualquier vendedor puede ser asesor inmobiliario ¿Sabes por qué?

Porque la decisión de compra de cualquier tipo de inmueble no se realiza por un simple impulso como sucede con otros artículos, productos o servicios, la decisión de compra de un inmueble está motivada por emociones y sentimientos más profundos, los cuales están ligados a nuestra estabilidad emocional, social y económica.

Es por este motivo que la personalidad magnética tiene tanta importancia en un sector tan complejo como este. Nuestros futuros clientes cada vez están más y mejor informados, son más selectivos y exigentes, y nosotros como asesores tenemos que estar al nivel de las exigencias de todos y cada uno de nuestros preciados y cotizados clientes.

Estos dos elementos se deberán pulir y fusionar para que el desempeño del trabajo realizado por los comerciales inmobiliarios sea un trabajo EFECTIVO y PRODUCTIVO.

¿Y por qué preguntarás? Porque un comercial puede dominar muy bien su oficio, pero si no conecta con sus clientes desde una perspectiva impersonal; o sea, sin interponer sus propios deseos e intereses económicos sobre los de sus clientes, se encontrará con muchos obstáculos en muchas de sus operaciones comerciales.

La personalidad magnética juega un papel muy importante en este punto, ya que los comerciales con este tipo de personalidad se preocupan mucho por sus clientes, realmente están interesados en conectar y anteponer los deseos e intereses de sus clientes antes que los suyos propios, ya que saben que el cierre de sus operaciones comerciales depende directamente de eso, de que nos preocupemos por el bienestar e intereses de nuestros clientes antes que nuestros propios intereses personales y profesionales.

Después de ver la importancia del papel que juegan las relaciones humanas y la personalidad magnética en esta profesión, vamos a ver cuáles son las pautas que debes seguir para que puedas llegar a poseer una personalidad magnética (Si es que no la tienes...) tanto para tus actividades cotidianas como para el sector inmobiliario, así como también para cualquier otra faceta o profesión de tu vida. Siempre apoyado de mi experiencia en el sector y de un análisis profundo y exhaustivo que he realizado durante varios años sobre este tema.

Por todo lo que he podido investigar y analizar, la personalidad magnética abarca un abanico extenso de facetas y cualidades para lo cual se necesitaría escribir un libro completo acerca de este tema.

Por esta razón, en este material he resumido este tema con los elementos más importantes y relevantes que debemos tener en cuenta para trabajar en este sector y dar la mejor de las impresiones en nuestras relaciones laborales de cara a nuestros clientes.

La razón por la cual he estudiado y analizado este tipo de personalidades es por el hecho de que el área inmobiliaria necesita de profesionales con una personalidad bien definida y llamativa, profesionales que se destaquen de los demás por su profesionalidad, por su humanidad y autenticidad.

Este desglose de facultades te permitirá identificar claramente cuáles son los puntos claves que debes reforzar en tu propia personalidad, luego de que te hayas autoevaluado de forma sincera y autocrítica para que integres y enfoques tus acciones al logro de tu propia conquista personal y profesional por medio de una personalidad magnética autentica y bien definida.

Estos son los elementos que conforman y definen la personalidad magnética, especialmente para un comercial del sector inmobiliario.

Estos tres elementos se representan en esta gráfica como un ciclo, ya que están intrínsicamente relacionados entre sí.

Por un lado, la presencia está directamente relacionada con la presentación, mientras que la presencia y la presentación deberán estar arraigadas profundamente con una personalidad carismática para que el individuo pueda desarrollar una personalidad férrea y autentica.

A medida que se desarrolla el tema de la personalidad magnética verás, que cada elemento contiene otras facetas que son complementarias a estas; por tal motivo, debemos estudiar y analizar todos sus componentes a profundidad, ya que de la incorporación de estas habilidades y facultades dependerá el desarrollo y edificación de una personalidad fuerte y llamativa, pero sobre todo, una personalidad única y escasa en estos tiempos que corren.

Dicho esto ¡Entremos en materia!

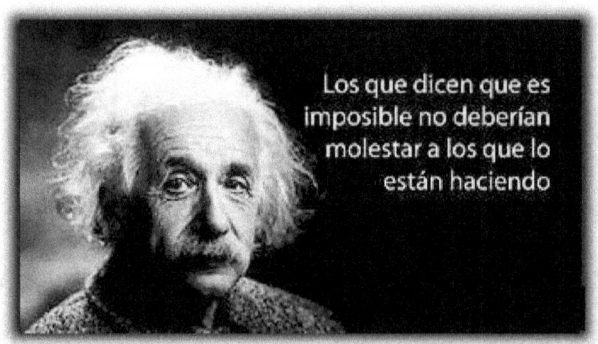

La Personalidad Magnética
<u>Orientada al Sector Inmobiliario</u>

✓ LA PRESENCIA.-

Desde el punto de vista social, la presencia puede definirse como esa energía, impresión o impacto positivo, negativo o neutro que proyectan algunas personas cuando se relacionan con las demás.

Es por eso por lo que la expresión *"Tener Presencia"* alude al hecho de ser una persona que su sólo acto de presencia llama la atención, su personalidad, su forma de ser y comportarse agrada a prácticamente todo el mundo y le cae bien a la gran mayoría de personas.

La presencia juega un papel muy importante en el área de las relaciones humanas y de las ventas. Este aspecto representa la primera impresión, la primera imagen mental que el cliente capta de tu persona desde el primer instante en que te ve.

El especialista en el área de las neuro ventas *Jürgen Klaric*, autor del libro "*Véndele a la Mente,* No *a la gente*", afirma que esta impresión de tu persona en el subconsciente de las demás se genera en el primer minuto desde el primer momento en que te ven.

¿Es poco tiempo verdad? Pues así es, aparentemente las personas se fijan en todo nuestro universo en un abrir y cerrar de ojos.

Pues en ese minuto ellos te analizan, te estudian, te observan y su cerebro obtiene una imagen positiva, negativa o neutral de tu presencia.

Ese minuto es crucial para dar una buena impresión, para conectar y crear Rapport* (Sintonía) con nuestros clientes con el fin de ganarnos su confianza y su respeto.

La presencia no solo se trata de tu apariencia física, se trata de un conjunto elementos, acciones y comportamientos que van a determinar la forma en la cual te perciben las demás personas.

Todo profesional tiene una idea de sí mismo sobre el impacto de su presencia al momento de relacionarse con otras personas, pero no tienen ni p. idea de lo que pensarán los demás al final de una cita de negocios; por ejemplo, ya que nunca sabemos con qué clase de personas vamos a tratar.

Por ejemplo, muchas personas creen que con vestir bien van a impresionar, otras creen que por el simple hecho de tener una buena preparación en cierta área van a caer bien, otras creen que porque son sociables van a triunfar, otras creen que por ser cultos van a impactar, pero en realidad no es así, porque en el impacto de tu presencia entran varios factores que son los que te perfilarán como una persona con presencia positiva; todo va a depender de tu forma de interactuar y de ser. Y si eres de los que piensan así, es bueno que sepas que en realidad la verdadera impresión se la llevan las personas con las cuales nos relacionamos y no nosotros.

El impacto que puede causar nuestra presencia al relacionarnos con los demás puede ser: Positiva, Negativa, Neutra o Neutral.

Presencia POSITIVA –
Características de una persona con una **Presencia Positiva:**

Es una persona que cuida todos los aspectos importantes en su relación con los demás; se cuida en su forma de vestir, en sus gestos, en sus acciones, en sus palabras, en su forma de interactuar con otras personas, en su capacidad para conectar con los demás y en su profesionalidad. Nos ofrece de buenas a primeras una impresión favorable y nos predispone a escucharle. En términos laborales, le consideramos profesional mientras no nos demuestre lo contrario.

Un comercial inmobiliario tiene que preocuparse mucho por proyectar una presencia positiva para generar confianza y seguridad a su prospecto o potencial cliente. La primera impresión sí que importa, ya que las demás personas establecerán un prejuicio en función de la poca información que dispongan de nosotros.

Las siguientes cualidades nos ayudan a crear Rapport* con las demás personas después de haber proyectado una presencia positiva: La profesionalidad, la empatía, la amabilidad, la sinceridad, la dedicación, la escucha activa, entre otras.

Presencia NEGATIVA –

Características de una persona con una **Presencia Negativa:**

Es una persona que descuida aspectos básicos en su relación con las demás personas, incluyendo a sus clientes; proyecta una impresión poco asertiva en su forma de vestir, en sus gestos, en sus acciones, en sus palabras, en su forma de interactuar, en su incapacidad para conectar con los demás, pero sobre todo, en su incompetencia profesional; nos ofrece de buenas a primeras una impresión menos favorable y nos predispone a estar cautelosos y vigilantes ante cualquier situación de incertidumbre, inseguridad o de falta de profesionalidad.

Las gestiones comerciales y las actividades sociales, en la mayoría de los casos no llegan a buen puerto con personas que proyectan una presencia negativa y la razón es muy simple, las personas necesitan confiar y sentirse cómodos para establecer relaciones tanto personales como profesionales y cuando la primera impresión no es satisfactoria a sus sentidos, simplemente desconfían, se bloquean o directamente no desean relacionarse de ninguna manera con este tipo de profesionales.

Presencia NEUTRA –
Características de una persona con una **Presencia Neutra o Neutral:**

Es una persona con una personalidad muy genérica. Se preocupa lo justo y necesario por verse bien y por agradar a los demás. Su dialogo y sus acciones sólo van dirigidas a tratar de hacer su trabajo. La típica persona que se comunica sólo para hacer lo que tiene que hacer. Puede ser muy profesional, pero poco humano. No practica la empatía y prácticamente no sonríe y si lo hace es por obligación.

Por lo general, una presencia neutral produce una serie de emociones incómodas, sensación de sometimiento de parte de la otra y de negatividad en muchos casos. Es bien sabido, que existen personas a las cuales no les importa este tipo de personalidades, y esto pasa porque posiblemente se identifiquen con éstas, ya que comparten la misma forma de ser y comportarse.

Sabemos que en este mundo hay gente para todo, pero por lo general, este tipo de personas pierden muchas oportunidades de cerrar operaciones comerciales sólo por el hecho de no crear Rapport* con las demás personas y en especial con sus clientes.

Si dominas el arte de proyectar una buena presencia tanto en lo laboral como en lo social y tratas de que te salga de forma natural, sin duda que tus clientes se van a llevar una buena impresión de ti, pero eso no es todo, este tipo de actitudes hacia nuestro trabajo se expande a nuestro ámbito social abriendo nuevas relaciones laborales y personales.

***Rapport**: Es la capacidad de entrar en el mundo de alguien, hacerlo sentir que lo entiendes y que tienen un fuerte lazo en común.

La Personalidad Magnética
Orientada al Sector Inmobiliario

✓ LA PRESENTACIÓN -

La percepción de las personas se construye a partir de procesos mentales que no son del todo conscientes, es decir, hay estímulos que al ser interpretados por el cerebro, éste construye una imagen generalizada de la persona. No significa que sean ciertos, sin embargo, la primera impresión que usted cause en alguien afectará el resto de las interacciones que pueda tener con esa persona.

Entonces; *¿Cómo podemos generar una buena impresión a los demás?*

Muy sencillo, incorporando y fusionando en nuestro día a día normas de comportamiento y patrones de conducta propias de una persona con una personalidad adecuada, trabajada y bien pulida. Estas cualidades combinadas definen lo que se considera culturalmente deseado y apropiado.

Por ejemplo, existen códigos de vestimenta para trabajar, asistir a lugares públicos, a eventos culturales, funerales, etc. Las normas varían según la sociedad y sus códigos de ética moral.

Estas normas y patrones sociales están directamente relacionadas con nuestra forma de ser y de comportarnos; rigen nuestra conducta social en todos los sentidos y la forma en la que nos desenvolvemos.

Entonces, para entender mejor este contexto y poder profundizar en el vamos a cambiar la pregunta anterior por la siguiente:

¿Cómo podemos generar una buena impresión de cara a nuestros prospectos?

- *Respuesta:*

En resumida cuenta, para provocar una buena primera impresión de cara a nuestros futuros clientes, lo más acertado es tener en cuenta estas tres pautas:

A) *La Importancia de la Puntualidad*
B) *La Importancia de la Indumentaria*
C) *La Importancia de los Detalles*

Probablemente, ya conozcas algunas de estas formalidades por el tipo de trabajo y actividades que desempeñas en tu día a día, pero créeme, existen muchos profesionales en todos los sectores, incluyendo este, que hacen caso omiso de este tema; piensan, que con dominar su oficio y ser buenos asesores es suficiente y no es así; todo en la vida tiene sus reglas y sus normas y mientras mejor preparado estemos mejor nos irá en el desempeño de nuestras actividades cotidianas. Estas tres pautas son claves para provocar una buena presentación de cara a nuestros prospectos. ¿Hablemos un poco de ellas?

A) *La Importancia de la Puntualidad:*

Todos sabemos la importancia de la puntualidad cuando de temas de negocios se trata; aunque existen profesionales que no le dan la importancia que amerita este tema.

El tema de la puntualidad es un problema cultural, ya que existen países donde ser impuntual ya es una costumbre habitual y las personas están acostumbradas a la impuntualidad. En estos países y culturas (Las cuales no quiero mencionar) los profesionales se basan en cualquier excusa para quedar bien sin pensar en las consecuencias que esto puede ocasionar en sus actividades comerciales. Sin embargo, en la mayoría de las culturas, ser impuntual es un acto de irresponsabilidad y falta de profesionalismo sin importar las causas que han causado dicha situación.

La verdad de todo esto es, que en todos los países existen personas que valoran mucho su tiempo y no toleran que un asesor o el profesional que sea con el cual se hayan citado, por ejemplo, para ver un inmueble, llegue tarde a la cita; esto genera una presencia negativa y una mala presentación de parte del asesor y probablemente dicha operación no llegue a buen término por el simple hecho de no haber llegado puntual a la cita.

Por ejemplo, cuando tienes una cita con un cliente y por la razón que sea llegas tarde, puede que andes muy bien representado y preparado en todos los aspectos, pero ya el cliente no se fijará en eso, se le quedará grabado en su subconsciente el hecho de la impuntualidad y probablemente se la piense a la hora de firmar cualquier contrato o acuerdo de negocios contigo.

La puntualidad como valor otorga carácter, orden y eficacia, mejora nuestra condición personal cuando se trata de obligaciones habituales, pero cuando se trata de obligaciones laborales, nos aporta innumerables beneficios y cualidades muy preciadas y valoradas para nuestro buen desenvolvimiento laboral; tales como: Profesionalidad, responsabilidad, confianza, respeto, seguridad, entre otras.

Regla de Oro de la Puntualidad

Si estas 5 minutos antes ¡Estas a tiempo!
Si estas a tiempo ¡Ya estas tarde!
Si estas tarde ¡Ya no estas!
La Puntualidad significa Respeto,
Disciplina y Responsabilidad hacia el tiempo de los demás.

B) *La Importancia de la Indumentaria:*

No sé si te resulta familiar esta situación...

Imagínate que tienes una persona muy cercana a ti que se casa y como es lógico ¡Estas invitado o invitada!

Llega el gran día...

Buscas lo mejor que tienes en tu armario y te armas con lo que hay. Alquilas un buen traje porque no quieres repetir los mismos que has estado usando en otras actividades sociales. Camisa nueva, una bonita corbata, llevas puesto tus mejores pares de zapatos combinados elegantemente con el cinturón, un reloj moderno y elegante, has ido al peluquero y llevas un corte decente, pero a la moda y para rematar te pusiste mi fragancia favorita; ACQUA DI GIO de GIORGIO ARMANI.

Vamos..., que andas con una pinta que ni tú mismo te soportas.☺

Pero antes de llegar a la actividad tienes que pasar por varios lugares para hacer algunas diligencias.

¿No has notado que las personas de los lugares donde vas como que te tratan de una forma especial? ¿No te has fijado que el nivel de amabilidad es mucho más alto de lo habitual?

¿Que te dan la bienvenida, te saludan y te prestan atención más que a otras personas presentes en el lugar?

¿Que te hablan y te tratan con cierto nivel de amabilidad y la atención que te dan es más personalizada y especial?

Sabes que si hubieras estado vestido de forma "normal" o como habitualmente vistes el trato no hubiese sido el mismo, lo sabes porque seguro que ya lo has vivido.

(Si estás leyendo esto y eres una chica, perdón por no ponerlas a ustedes de ejemplo, pero como sabrás, se da la misma situación y mejor con las chicas) ☺

Puede que te consideres una persona exótica, atractiva, aparente o que simplemente te consideres una persona no muy agraciada; no importa cómo te identifiques porque no se trata de nada de eso; todo esto se debe a la buena imagen y a la seguridad que proyectas; la culpa es de *La Indumentaria*.

Como se suele decir:

¡Tu forma de vestir es el reflejo de tu personalidad!

Vestirse de una forma adecuada y profesional es sumamente importante, principalmente en esta profesión. Es innegable que la apariencia juega un papel crucial y es la primera evaluación a la que somos sometidos, porque es lo primero que se ve de nosotros.

Algunos estudios recientes revelan que la ropa que nos ponemos tiene un gran efecto sobre nuestros niveles de desempeño, sobre la confianza en nosotros mismos e incluso en nuestras habilidades para negociar.

Un atuendo formal con el cual nos sintamos cómodos según nuestro estilo y nuestra forma de ser reforzará nuestra confianza y mejorará notablemente nuestro desempeño personal y laboral.

¿Estás vestido o vestida para el éxito? Todo el mundo quiere hacer negocios con una persona que parece segura de sí misma, vestida decentemente y con buen gusto.

Vestir con la ropa adecuada te ayudará a proyectar una imagen respetable y mejorará notablemente tu auto confianza y tu auto estima.

Por otro lado, cuando nos sentimos cómodos y a gusto con nuestra indumentaria, pero sobre todo en concordancia al puesto de trabajo que desempeñamos, nuestra creatividad y nuestra forma de ver el mundo se amplían, razón por la cual logramos un mejor desempeño en nuestras funciones y en mejor desenvolvimiento en todos los aspectos.

Seguro que te has dado cuenta de que el mundo ha evolucionado. No vivimos en el mismo planeta de hace unas décadas atrás. Por ejemplo, antes, las barbas largas sólo la usaban los artistas, músicos, jipis, magos y brujos... ahora la usan todas las celebridades y todo el que puede; ¡Menos los lampiños claro está! A mí por ejemplo no me crece la barba, a penas me puedo hacer un candadito. ☺

Vivimos en una época que cuando hablamos de apariencia lo que importa es tu estilo y tu sello personal sin importar como sea ese estilo; si está bien conjugado y logrado vas a triunfar de todas formas porque ya no hay prejuicios, ya la gente no te juzga por tus tatuajes, por tu peinado o tu corte de pelo, ni por tu apariencia, ni por tu raza.

Lo que ahora realmente valoran los clientes son dos cosas básicas: Tu capacidad para desarrollar tu trabajo y en ese mismo sentido; tu capacidad para resolver de manera eficiente su problema o necesidad y si a esto le agregas tu estilazo, ten por seguro que triunfarás.

Así, que mi consejo es el siguiente:

Sé tú mism@, sé autentic@ en tu forma de vestir, pero principalmente en tu forma de ser ¡*Y ya verás que vas a caer bien*!

Y por favor, te voy a pedir que siempre recuerdes esto:

Los asesores inmobiliarios somos comerciales de *Alto Standing* dentro del comercio tradicional y el mundo de las ventas; esto es así porque comercializamos el bien más preciado y caro que todo ser humano sueña y desea adquirir "Un Hogar" con algunas excepciones.

Aquí te presento las 7 razones por las cuales deberías prestar atención a la ropa que escoges cada día para salir a trabajar:

1- Porque solo hay una *Primera Impresión*.
2- Porque mejora y aumenta la *Autoestima y la seguridad*.
3- Porque proyectas una *Buena Impresión* a tus clientes.
4- Porque potencia la *Productividad Laboral*.
5- Porque te *Empodera* en todos los sentidos.
6- Porque comercializas un producto de *Alto Standing*.
7- Porque *Ligas Más*... ¡Es broma! Pero cierto. ☺

¡En fin! Estas son las razones por las cuales nuestra indumentaria debe ser la adecuada para nuestro oficio y nosotros como personas, también debemos estar arreglados y bien presentados. Nada de pelos revueltos, uñas sucias, ropa muy arrugada, zapatos rotos o sucios; en fin, bien representados. ¡Tú me entiendes!

C) *La Importancia de los Detalles:*

Esta es una parte que "se supone" que todo profesional debe tener controlada al momento de presentarse ante un posible cliente, principalmente por primera vez, ya que después de varias citas y dependiendo del nivel de Rapport* o sintonía y desenvolvimiento que se haya podido alcanzar con el cliente, los involucrados en el proceso adquieren confianza y seguridad con relación al profesional con el que trataron en la primera cita.

Los detalles en una reunión o cita hacen referencia a ciertos aspectos relacionados intrínsecamente con nosotros y que en muchos casos determinan el buen o mal desenvolvimiento del motivo o causa para la cual nos hemos reunido con uno o varios clientes en particular.

Para que entiendas bien el papel que juegan los "detalles" en nuestra presentación, te daré algunos ejemplos que se deben evitar en el momento de una primera cita y las venideras con nuestros posibles clientes.

Hay detalles que pueden pasar desapercibidos en algunos clientes, como por ejemplo: Que sin conocer de nada al cliente, se te olvide o te equivoques con su nombre al momento del saludo o en el transcurso de la reunión; le puedes pedir perdón, pero esa acción ya dejará al cliente pensativo y un poco inseguro de tu profesionalidad; sin embargo, ya sabes que el llegar tarde es un "detallito" que debes evitar.

Con relación a los protocolos; por ejemplo, estas esperando a tus clientes en la oficina o en algún lugar, llegan, te encuentran sentado(a) y que no te levantas como toda una dama o un caballero a saludarlos.

Otro detalle protocolario es, que camines delante de tus clientes; ese es un detalle que también debes evitar, ya que no es nada profesional dejar a los clientes detrás mientras se camina con ellos.

Otro detallito es, que al entrar a una propiedad no le abras la puerta o que entres a la propiedad y no sujetes la puerta para que entren las demás personas; parece algo insignificante, pero deja mucho que decir principalmente de un profesional inmobiliario.

¿Te doy más detalles? Por ejemplo, que se te olvide llevar a la cita algún documento importante que tenías que entregarle al cliente relacionado con la propiedad, que te dejes las llaves de la propiedad que le vas a mostrar en la oficina o que le mientas a tu cliente acerca de algún aspecto o característica de la propiedad.

Otros detalles no menos importantes son el tema del saludo y los distractores. El saludo por ejemplo; se supone que todo el mundo sabe que el tipo de saludo y la forma en la cual saludamos es importante en una presentación, pero la verdad es que la mayoría de los profesionales lo ve como algo mecánico y habitual en las relaciones sociales. La realidad es, que el saludo tiene un impacto importante en las personas y representa la antesala de un Rapport* positivo y beneficioso para nuestras relaciones tanto personales como profesionales.

El saludo debe transmitir alegría y entusiasmo, pero sin ser exagerado o forzado. Una sonrisa genuina y un contacto visual pueden ayudar a crear un ambiente amigable, acogedor.

En resumen, un saludo adecuado al recibir a un cliente es una oportunidad para establecer una conexión emocional y transmitir una imagen positiva del profesional.

Por otro lado, existen varios detalles que muchas veces pasan por desapercibido entre muchos profesionales de cualquier sector; estos son los llamados Distractores.

La distracción consiste en un desplazamiento de la atención hacia otros estímulos diferentes a aquellos en los que estés ocupado.

La importancia de prestar la máxima atención y saber escuchar a nuestros clientes es indiscutible para proporcionar una buena atención al cliente. La escucha activa, basada en la empatía, la paciencia y la voluntad de ayuda, no solo nos pueden proporcionar la consecución de nuestros objetivos, sino que nos permite establecer un vínculo de confianza y compromiso con nuestros clientes.

En este mismo sentido, los distractores perjudican la escucha y la atención activa hacia las demás personas haciendo que nuestras relaciones no sean del agrado de nuestro interlocutor, afectando así la comunicación y entorpeciendo el Rapport* o lo que es igual, la sintonía que buscamos entablar con las demás personas.

Según su procedencia, existen distractores de dos tipos:

Distractores **externos** e **internos**. Los distractores externos son aquellos que provienen de cualquier fuente externa e interrumpen nuestra atención hacia los demás. Entre los distractores externos más perjudiciales en nuestro ambiente laborar se encuentran los dispositivos electrónicos que llevamos con nosotros al momento de tener una cita con uno o varios clientes.

Por ejemplo, el teléfono celular, la Tablet con conexión a Internet, los auriculares bluetooth, el reloj inteligente, entre otros.

Estos distractores hacen que nuestra atención se vea afectada cuando suenan alarmas, tonos y mensajes de todo tipo, ya que por instinto la mayoría de las personas reaccionan impulsivamente al escuchar dichos sonidos, restándole así atención a las personas que nos acompañan.

Una cosa es una llamada urgente que se reciba en el momento de una cita, que pidas permiso a quien te acompañe y veas si realmente se trata de una llamada importante y otra es que te estén wasapeando, que las redes sociales te avisen de que alguien que ni conoces subió un post nuevo en su perfil y otras de las tantas alarmas que recibimos a cada momento de nuestras vidas. Estos últimos distractores son los que tenemos que evitar para que nuestra atención esté cien por ciento orientada en nuestros clientes. Por ejemplo, poner dicho dispositivo en modo silencio antes de encontrarte con tus clientes es una buena manera de no distraerse y salir victorioso o victoriosa de una cita, prestando una abnegada atención y escucha activa a nuestros clientes.

Por otro lado, los distractores internos "como su nombre lo indica", son aquellos que provienen de nuestro interior, o sea, de nuestros pensamientos y emociones.

Los distractores internos más perjudiciales son los problemas y conflictos personales o familiares todavía sin resolver, la ansiedad cualquiera que sea su causa, falta de interés por el tema, asuntos personales por resolver, acumulación de tareas, fatiga física o psíquica, voluntad débil para hacer lo que fuiste a hacer en ese momento, entre otras. Estos distractores dentro de nosotros son muy perjudiciales porque merman nuestra concentración y nuestra atención cuando no sabemos controlar lo que pensamos y lo que sentimos en un momento determinado.

Cada uno de nosotros debe saber manejar y controlar estos dos tipos de distractores para que no perjudiquen nuestras buenas relaciones laborales tanto en nuestras citas como en nuestras reuniones.

Cualquiera de estos "detallitos" puede hacer que tus operaciones inmobiliarias no lleguen a buen término, haciendo que pierdas tu tiempo, dinero y energía con un cliente que posiblemente no volverás a ver jamás. Así que, tómate todos estos detalles muy en serio principalmente en tu primera cita para que causes una buena impresión en todos los sentidos delante de tus apreciados y queridos clientes.

Por último y para cerrar con este tema, me gustaría que siempre recordaras estas recomendaciones cuando te cites con tus preciados clientes:

Los problemas de la casa déjalos en casa, los de la oficina déjalos en la oficina, tus problemas personales guárdatelos para ti; si tienes el auto dañado, no es problema de los demás, si no tienes dinero es tu problema, si tienes problemas con tu pareja, con tus hijos, tus padres o tus vecinos, tampoco es problema de los demás, si tienes fatiga laboral o personal y no tienes voluntad para citarte con algún cliente "por la razón que sea", mejor queda otro día con esa persona o personas para que no heches a perder la oportunidad de dar la mejor de las impresiones a tus preciados y cotizados clientes.

¡Te queda claro verdad! Pues no digo más... ☺

---

* <u>Rapport</u>: Es el fenómeno en el que dos o más personas sienten que están en "sintonía" psicológica y emocional porque se sienten similares o se relacionan bien entre sí. Es importante diferenciar el Rapport de la empatía; esta última consiste en ponerse en el lugar del otro, mientras que el Rapport se refiere más bien a afinidad.

La Personalidad Magnética
Orientada al Sector Inmobiliario

✓ LA PERSONALIDAD CARISMÁTICA -

Todos los expertos en la materia definen el carisma más o menos así:

"Un conjunto de cualidades positivas muy marcadas en la personalidad de un individuo por medio de las cuales consiguen impactar y agradar a los demás"

Por esta razón, cuando decimos que una persona tiene presencia indudablemente hablamos de CARISMA; entre otras cualidades.

Esa misteriosa cualidad que tienen algunas personas que las hace especiales y únicas. Muchas veces admiramos a alguien y no sabemos muy bien por que, normalmente se debe a una mezcla entre su forma de ser, su forma de comportarse, y su forma de relacionarse con los demás.

En ocasiones, esto se relaciona con el aspecto físico, pero no es relevante en la mayoría de los casos.

Por lo tanto, podemos definir el carisma como una especie de magnetismo, pero esto nos suscita dos interrogantes importantes que son:

A) *¿Es el carisma algo natural o trabajado?*

B) *¿Puede una persona tímida e introvertida volverse carismática?*

¡Hablemos un poco del Carisma!

A) *¿Es el Carisma algo Natural o Trabajado?*

Todos los estudios que se han realizado sobre este tema han demostrado que existen personas que nacen con un carisma innato, personas que desde muy jóvenes comienzan a destacar sobre los demás en su ámbito social.

Cuando estas personas se convierten en adultas desarrollan cualidades carismáticas sin mayores dificultades y sin necesidad de tener que estudiar o prepararse para ello.

Sin embargo, estos mismos estudios concluyeron en que el carisma está compuesto por *"Tendencias de comportamientos"* que cualquier persona puede incorporar conscientemente en su personalidad y de esta manera comenzar a cultivar una personalidad carismática a su medida.

Ser más alto no depende de nosotros, pero el tener un buen sentido del humor sí; por ejemplo.

Hola ¡Sí, soy Francisco! Antes era tímido, pero ahora soy el alma de las fiestas ☺

B) *¿Puede una persona tímida e introvertida volverse carismática?*

Pues digamos que sí. Para el psicólogo británico *Richard Wiseman* el 50% del carisma se puede aprender. Pautas sencillas como mirar a los ojos, escuchar atentamente y dominar el lenguaje corporal son claves. Alguna de sus premisas como la seguridad en uno mismo, la inteligencia emocional, la gesticulación adecuada y una voz agradable se pueden entrenar y mejorar. El resto viene del interior, acoplado a la personalidad.

Según la autora *Ingeborg Pils* de Múnich, el carisma es el resultado de la trayectoria y las circunstancias de cada persona, de sus emociones y su disposición a relacionarse positiva y abiertamente.

Según los expertos, se trata de reconocer el propio encanto, potenciar la seguridad en sí mismo y mejorar el manejo de las emociones.

Lo bueno es, que ya se ha demostrado científicamente que todos tenemos la capacidad de convertirnos en personas carismáticas, personas magnéticas y de impacto y hay cientos de ejemplos que así lo demuestran; el de la foto de arriba es uno de ellos. Dice que ahora es el alma de las fiestas... A ver si es cierto.☺

Olivia Fox Cabane, una experta en este tema y autora del libro *"The Charisma Myth - El Mito del Carisma"*; dice en su libro que de todos los personajes que ha podido estudiar a profundidad encontró tres factores comunes entre ellos, tres motivadores que los impulsaron a lanzarse en sus respectivas campañas y los llevaron a ser grandes líderes. Estos factores fueron:

✓ *La necesidad y las ganas de superación.*
✓ *Las circunstancias del momento.*
✓ *La actitud y el enfoque correcto.*

Es un alivio saber, que si {El Creador} no introdujo el gen del carisma en tu nuestro ser al momento de nacer, tenemos el poder de hacer que el carisma fluya en nosotros y forme parte de nuestra vida; sólo nos lo tenemos que proponer.

Más adelante veremos, que realmente lo que dice la Parisina *Olivia Fox Cabane* es totalmente cierto, que las circunstancias y situaciones que se nos presentan en la vida son las que nos condicionan y preparan para convertirnos en personas carismáticas; siempre y cuando no hayamos venido con este don de fábrica.

El carisma es un rasgo de la personalidad que hace que un individuo resulte interesante, importante o influyente para los demás; sin embargo, no todas las personas carismáticas han nacido con estos privilegios, sino que han sabido adquirirlos. Su interés por las relaciones sociales, el entrenamiento en habilidades sociales y especialmente su capacidad de empatía hacen que otras personas se sientan únicas cuando les tienen al frente.

De esta manera, una persona con personalidad carismática pasa desde el simple plano social al plano íntimo de las demás personas y desde ese ángulo pueden ver y comprender sus necesidades, emociones y deseos más profundos. Este hecho les permite conocer bien al otro, saber qué ofrecerle e incluso cómo persuadirle en muchos casos para que siga sus pasos.

El carisma, por lo tanto, es un rasgo de la personalidad deseable y positivo, aunque tiene un lado oscuro que aparece cuando la persona carismática en lugar de emplear esta cualidad para mejorar sus relaciones sociales y otros aspectos de su vida, la aprovecha para manipular a los demás.

«Necesitamos menos posturas y más carisma genuino. Necesitamos menos teatro y más carisma sincero. Se trata de dejar que la luz de Dios brille a través de nosotros. Se trata de un brillo en las personas que el dinero no puede comprar. Es una energía invisible con efectos visibles»

Marianne Williamson

CARACTERÍSTICAS BÁSICAS DE LA PERSONALIDAD CARISMÁTICA

Existen muchas cualidades vinculadas a la personalidad carismática, pero no todas te van a servir para impresionar y agradar a los demás; por ejemplo; si eres una persona alegre y risueña de aquellas a las cuales les gusta reírse casi de todo, es muy probable que te encuentres con personas que no se sentirán cómodos con tu forma de agradar. Recuerda el dicho que dice: *"Cada cabeza es un mundo"*, aunque yo lo cambiaría por este: *"Cada mundo es una cabeza..."* ¿No tiene sentido verdad? Lo siento ¡Es broma! jeje☺

Por esta razón, independientemente de cómo sea tu personalidad en este momento, tienes que tratar de que tus clientes te perciban como una persona *Estable* y *Nivelada* y a medida que avanzas en la cita podrás cambiar de marcha, dependiendo de cómo sea la personalidad y la forma de ser de tu cliente. A esta técnica se le llama "El efecto espejo".

Analizando el tema de la personalidad magnética a profundidad, basándome en mi experiencia y después de haber realizado un exhaustivo estudio sobre este asunto; he llegado a la conclusión de que si cultivas estas cuatro (4) cualidades básicas podrás crear ese magnetismo que necesitas para agradar, generar y mantener el interés de tus clientes más exigentes.

¡Así que, pon mucha atención al siguiente resumen!

LAS 4 CARACTERÍSTICAS BÁSICAS DE LA PERSONALIDAD CARISMÁTICA

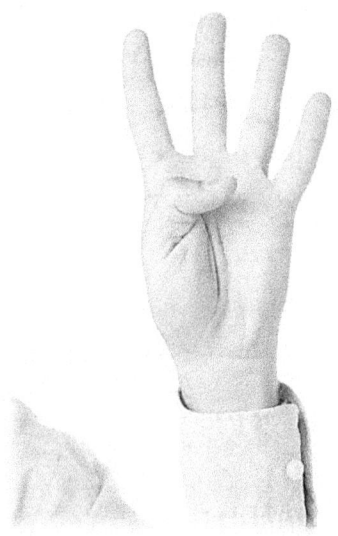

1- SON SOCIALMENTE ACTIVAS

2 - INSPIRAN SEGURIDAD

3 - SON BUENOS ORADORES

4 - SON EMPÁTICAS

1- S<small>ON SOCIALMENTE ACTIVAS</small>:

En la generalidad de los casos, las personas carismáticas son populares en los ambientes y lugares donde asisten. Suelen socializar cada vez que pueden y relacionarse con otras personas. Asisten a actividades sociales y profesionales, principalmente las relacionadas con el sector y todo esto lo hacen no solo para conocer gente, sino, para ampliar su cartera de clientes.

Si vas a ser o eres asesor(a) inmobiliario y no lo saben todas las personas que conforman tu círculo social, amigos, vecinos, conocidos, amigos de amigos, además de toda tu familia, déjame decirte que **no** estas llegando a toda la audiencia directa a la cual puedes llegar y por medio de la cual te pueden salir muchas referencias y, por consiguiente, operaciones comerciales. Y esto que te digo aquí lo vas a leer muchas veces ¡Lo hago para que se te grabe!

Puedes regar tarjetas de visita y hojas de presentación en tu zona de actuación a empresas, junta de vecinos, asociaciones en tu sector y en todos los lugares donde te puedes colar como un vecino o una vecina más. De esta forma te presentas como el amigo, el o la conocida de tu sector que sabe de bienes raíces, y verás como te salen clientes por todos lados. Así que mi recomendación es la siguiente:

¡Tienes que darte a conocer!

2- INSPIRAN SEGURIDAD:

Al parecer, las personas carismáticas siempre tienen el control y dominio de la situación o por lo menos aparentan tenerlo. Para poder mantener ese control siempre tienen un as bajo la manga que los salva de cualquier situación comprometedora.

Su alto nivel de autoestima y seguridad en lo que hacen son sus grandes fuertes al momento de encarar cualquier situación social o laboral, incluso cuando la situación no le es favorable.

Creen fiel y plenamente en sus habilidades, conocimientos y en su preparación. Son 100% seguros de sí mismos.

Tratan de no cruzar la raya que hay entre tener un alto nivel de autoestima y ser egocéntrico; por esta razón, nunca ignoran a las personas a su alrededor, todo lo contrario, las hacen sentir importantes y valoradas.

Es bueno recalcar que el nivel de seguridad que proyecta un comercial en el ámbito laboral estará determinado fundamentalmente por su nivel de preparación en el área. Esto, combinado con otras cualidades sociales y humanas, es lo que imprimirá un sello único y personal a un individuo en particular. De ahí la importancia de formarse y prepararse profesionalmente, pero también mantener ese equilibrio entre el intelecto y lo meramente humano.

"Deja de lado tus inseguridades y céntrate en tus Fortalezas"

3- <u>SON BUENOS ORADORES</u>:

La oratoria se define como el arte de comunicar de manera asertiva y efectiva. Es el arte de poder expresarnos, no solo a través del lenguaje verbal, sino también del lenguaje no verbal.

En un estudio llevado a cabo por el Centro de Oratoria y Retórica de la *Royal Holloway University of London,* se demostró que las personas carismáticas, por lo general, también son buenos oradores.

En este estudio se evaluó a un grupo determinado de líderes y ejecutivos de 10 prestigiosas empresas londinenses y se pudo determinar que la manera eficaz y asertiva de comunicarse tanto con los clientes como con los empleados a su cargo no estaba relacionada directamente con su nivel de estudios, sino más bien con su nivel de carisma.

Otro estudio publicado por la Asociación Americana de Psicología en el último número de la revista "*Journal of Personality and Social Psychology*" del año 2023, indicó que la oratoria está directamente relacionada con el carisma, ya que una dicción y expresión bien dirigida y comunicativa siempre va impregnada por un nivel de carisma más alto que el común de los mortales para que el mensaje pueda llegar y calar en las mentes de los demás.

4- SON EMPÁTICAS:

La empatía es otro talento que las personas carismáticas poseen. Instintivamente, te ponen atención con todos sus sentidos olvidándose de ellos mismos. Te hacen reír, te hacen sentir escuchado y fascinado. No es la misma sensación en cada caso, pero las personas conectan con ellos generando emociones positivas.

La empatía juega un papel muy importante en las vidas de las personas exitosas y hay ejemplos por todos lados. Cuando se trabaja de cara a cara con personas, la empatía juega un papel crucial en las relaciones humanas, ya que nos induce a ponernos en el zapato de los demás para tratar sus necesidades como si fueran las nuestras; ahí está la magia de la empatía.

En este tema hay que dejar bien claro, que la empatía no se puede utilizar para conseguir nuestros objetivos e intereses al tratar con personas, ya que estamos tratando con sus sentimientos y emociones más profundas. La empatía es una cualidad que debemos cultivar en nosotros si no la tenemos desarrollada a cabalidad. Es una dicha ser empático, ya que la empatía es una de las virtudes más apreciadas que un ser humano puede poseer.

"Potencia tu carisma cuando te comunicas con los demás aprendiendo a contar historias llenas de sentido y emoción. Practica las artes del humor y las metáforas para que te sea posible entretener al mismo tiempo que asesoras a tus clientes; además, cultiva en ti un alto sentido de empatía autentica, ya que la empatía te proyecta a otro nivel de conciencia donde las barreras de la inseguridad y la desconfianza se desvanecen por sí solas"

¿Por qué es tan importante la Personalidad Magnética para el sector inmobiliario?

✓ *Porque potencia nuestra personalidad.*

✓ *Porque conectamos y agradamos más con los demás.*

✓ *Porque ganamos confianza en nosotros mismos.*

✓ *Porque proyectamos más seguridad.*

✓ *Porque nos aporta más presencia.*

✓ *Porque empatizamos más.*

✓ *Porque somos más productivos.*

2da. Píldora

El Branding – (Tu Marca):

El concepto de Branding proviene del término inglés "Brand" que significa "Marca". Se trata del proceso que realiza la empresa o emprendedor para crear y dar a conocer su marca. En concreto, son un conjunto de acciones que se engloban dentro de la estrategia de marketing de la empresa o emprendedor y que sirven para crear y dar a conocer al mundo su propia identidad y por lo tanto lo que hace.

Se debe comprender, que una marca es algo más que un simple nombre; es el sello, un símbolo identificativo y el espíritu de la persona o empresa.

A través de la marca los usuarios perciben una imagen sólida en términos de calidad, fiabilidad, confianza y seguridad.

En la actualidad, la competencia entre empresas y emprendedores es cada vez mayor, los productos y servicios son cada vez más similares y es necesario que los protagonistas sepan diferenciarse en un mercado de competencia perfecta. Es así, que la clave de los negocios está en el branding, es decir, en el poder de la marca como elemento diferenciador.

Esa diferencia se ve reflejada en la parte intangible del protagonista que es su valor, credibilidad y singularidad de su marca.

La marca de una empresa o emprendedor cuenta una historia, una experiencia que trata de impactar al mundo y acaba por transmitir emociones y sensaciones a su público objetivo.

El concepto del branding se refiere a todas esas acciones premeditadas que se llevan a cabo para influenciar en la percepción que la gente tiene sobre una empresa o persona y que así lo elijan una y otra vez.

"Fundamentalmente, es la forma de hacer las cosas para que lo que ofrezcas se mantenga en el corazón y en la mente de los clientes"

❖ Clasificación del Branding.-

El concepto "Branding" como estrategia de publicidad y marketing para los negocios comenzó a utilizarse en la década de los 80´s en las grandes corporaciones y medianas empresas de los EE. UU., pero con el inicio de la conectividad mundial y la incorporación del concepto "Social Media" o redes sociales, el branding se comenzó a emplear en todas las áreas del comercio, principalmente por la necesidad que imperaba en el Internet.

Por esta razón, los emprendedores y microempresas también se fueron sumando poco a poco a este concepto para poder tener presencia en el Online* y de esta forma darse a conocer al mundo.

A medida que avanzaba la informática y las técnicas modernas de mercadeo, el branding se subdividió en dos ramas principales, que son:

1 - *Personal Branding o Marca Personal*
2 - *Corporate Branding o Branding Corporativo*

1 - El Personal Branding o Marca Personal:

La *Marca Personal* o *Personal Branding* es un concepto que consiste en *considerarse a uno mismo como una marca comercial con el objetivo de diferenciarse y conseguir un mayor éxito profesional*. Una marca es algo que se construye día a día, que muestra quién eres y lo que te gusta hacer. Este tipo de branding persigue aplicar el proceso de creación y refuerzo de marca a una persona, reflejándolo también en los servicios que ofrece y lo que representa.

Gracias al desarrollo de una marca personal bien definida se pueden fortalecer y potenciar aquellos atributos que nos hacen únicos, permitiéndonos destacar en nuestro sector como expertos en una determinada área o nicho.

En la actualidad, una de las mejores estrategias para captar la atención de prospectos utilizando nuestra marca personal es la de aportar valor una y otra vez a todas aquellas personas que pueden estar interesadas en tu área de actuación. Al mismo tiempo, estas personas te verán como un referente en tu sector, confiarán en todo lo que les aportas y en consecuencia consumirán tus productos y servicios, gracias a tu dedicación y entrega a ellos.

En este apartado quiero abrir un paréntesis (para comentarte lo que debes hacer para lanzar y reforzar tu propia marca personal.

Este paréntesis no estaba previsto para este material, pero pensándolo bien, no quiero avanzar sin mostrarte las acciones que tienes que desarrollar para que tu marca personal sea conocida y puedas iniciar tu carrera inmobiliaria de la mejor manera posible; y si ya trabajas en el sector, esto que te voy a mostrar en las siguientes páginas te servirá para reforzar tu marca personal sin importar en la agencia para la cual trabajes.

Lo digo por experiencia propia, ya que en un momento determinado de mi carrera tuve que lanzarme como asesor independiente y lo cierto es, que gané mucha experiencia y me fue muy bien. A mi Padre Amado; las gracias le doy.

Ya verás que seré un poco pesado con este tema porque en este mismo capítulo te voy a hablar de estrategias de Marketing y Publicidad donde te comento que tienes que armarte de todo lo necesario para que tanto las personas de tu entorno como las que no son de tu entorno te conozcan y sepan lo que haces, pero aquí lo que pretendo es que te centres en tu marca personal y profesional, y en lo que debes tener en cuenta para que todo el mundo sepa que vas a trabajar o que trabajas en el sector inmobiliario.

El paréntesis va sobre este tema: La Regla de Oro:

¡No seas un Alien Inmobiliario! 👽

¿Qué significa esto? Significa, que tanto si te inicias en este sector como si ya trabajas en el área tienes que darte a conocer, tienes que usar todos los medios posibles para mostrar tu marca personal al mundo. A diferencia de aquellos asesores que ya trabajan para una agencia, si vas a trabajar como asesor o asesora independiente, tienes que poner en marcha un plan de acción para que la gente te conozca y sepa que eres comercial inmobiliario o que lo vas a ser.

Esto te abrirá las puertas del negocio y ampliará tu rango de acción, lo cual te ayudará a conseguir más captaciones, más clientes potenciales para esas captaciones y por ende, el cierre de más operaciones inmobiliarias.

Por esta razón te voy a dar **7** tips básicos que harán que te conozca "Todo Dios". Recuerda que en este trabajo el boca a boca, las referencias y todas las personas que conozcas son importantes porque siempre hay alguien de tu entorno que vende o renta su casa, su apartamento, su mansión, su terreno, o cualquier otro inmueble, así que, si estas personas saben que en su círculo de confianza hay una persona que sabe del tema inmobiliario y además es alguien conocido seguro que te llaman para que los ayude con su inmueble.

Recuerda que en estos consejos el orden de los factores no altera el producto; o sea, que el orden es irrelevante: Aquí van los tips:

1) *Especialízate en uno o varios temas relacionados con el sector y comienza a aportar valor a tus prospectos (posibles clientes).*

2) *Crea perfiles profesionales con tu marca personal en algunas redes sociales para realizar publicaciones de tus inmuebles y ayudar a todas aquellas personas que puedan necesitar tus servicios aportándoles contenido de valor.*

3) *Imprime tarjetas de visita para repartir a "Ebrivari".* ☺

4) *Imprime hojas de presentación para las empresas de tu zona*

5) *Para aportar valor, puedes abrir un canal en YouTube para promocionar tus mejores propiedades y subir contenido de valor a tu audiencia.*

6) *Relaciónate con profesionales del sector en tu zona de actuación con el objetivo de intercambiar inmuebles y clientes potenciales, esto te permitirá darte a conocer y ampliar tu zona de acción.*

7) *Pero sobre todo, habla con "Everybody" y cuéntales lo que haces.*

Cierro paréntesis **)**

Probablemente, no todas las personas que lean este libro y estén decididos a trabajar en este sector tienen las habilidades para desarrollar algunos de estos tips, principalmente los relacionados con la tecnología ¡Pero te tengo una buena noticia! En todo el mundo existen personas dispuestas a hacer este trabajo por ti. Puedes delegar estas actividades a otras personas y una vez realizadas sólo tendrás que supervisarlas e ir aprendiendo sobre la marcha. Otra cosa importante es, que los precios que estas personas cobran por estas actividades son relativamente bajos en relación con el alcance y los beneficios que te van a generan dichas actividades. Así que, tranquilo tranquila, porque si se te da mal la informática puedes contratar a otras personas para que te ayuden con la parte de la tecnología.

2 - El Corporate Branding o Branding Corporativo:

Son las estrategias de marketing encargadas de la construcción y proyección de la marca de una empresa, es decir, se trabaja con el objetivo de presentar la identidad única de una compañía, sus productos y/o sus servicios al público objetivo.

El branding corporativo es capaz de posicionar una marca como referencia en el sector al que pertenece. Trabajar la estrategia de marca corporativa implica transmitir todos los valores que hay detrás de ella, todo aquello que inspira la creación de aquello que vende, y que hace que sea una empresa diferenciada, que destaca entre otras empresas que ofrecen lo mismo.

En conclusión, el branding corporativo se construye desde el corazón de las empresas, ayudando a los empleados y directivos a transmitir la imagen de marca que se desea comunicar, gracias a las herramientas digitales y publicitarias que las empresas tienen a su disposición de forma efectiva y económica.

> Elementos que conforman el Branding:

En la creación y elaboración del branding, entran en juego una serie de elementos con los cuales podemos elaborar un plan de marketing adaptado a nuestras necesidades. Con nuestro plan ya elaborado podremos crear una marca sólida y potente para lograr nuestros objetivos.

Cabe destacar, que estos son los 7 elementos básicos utilizados en la elaboración de un branding sencillo, rápido y efectivo, y que estos elementos son válidos para cualquiera de los dos tipos de branding . Estos elementos son los siguientes:

✓ *Tu Marca (Nombre propio o de empresa)*
✓ *Identidad*
✓ *Logo o logotipo*
✓ *Eslogan*
✓ *Estrategias de inicio*
✓ *Estrategias de publicidad y marketing*

- ✓ Tu Marca - Nombre propio o de empresa: Es tu sello personal o de empresa; el nombre con el que te vas a dar a conocer al mundo cuando lances tus campañas publicitarias tanto en el online como en el offline.

- ✓ Identidad: Debes crear una identidad que defina tus objetivos, servicios y valores, los cuales te representarán como profesional y como marca.

- ✓ Logo o logotipo: Es el sello gráfico que te representará y utilizarás a nivel publicitario para que tu marca sea diferenciada de las demás. Este componente del branding juega un papel crucial, ya que es el sello visual que te identificará y permitirá que tu marca sea reconocida en todos los frentes.

- ✓ Eslogan: Es una frase que concentra la finalidad que la marca ha definido, con el objetivo de que los clientes logren sentir afinidad con aquello que la representa. Debe ser contagiosa, impactante, significativa y perdurable en el tiempo.

- ✓ Estrategias de inicio: Son todas las acciones y procedimientos que debes poner en marcha para iniciar tus actividades profesionales a nivel publicitario. Estas estrategias son las que te darán el empujón que necesitas para arrancar. Dichas acciones se deben realizar para crear un perfil claro con el objetivo de edificar tu marca tanto en el online como en el offline.

A continuación, te menciono algunas de las estrategias más importantes para establecer una marca sólida:

> *Ármate con todas las herramientas que necesitas antes de iniciar...*
> *Crea perfiles en social media "Redes sociales" con tu marca.*
> *Imprime tarjetas de visitas, cartas de presentación e identificativo.*
> *Implementa el Marketing y la Publicidad 360°.*
> *Crea relaciones laborales con profesionales del sector para darte a conocer.*

- ✓ <u>Estrategias de Publicidad y Marketing</u>: En las estrategias de marketing y publicidad se definen y se planifican las técnicas y medios a implementar para desarrollar campañas dirigidas a promover la marca con el objetivo de darla a conocer.

Ten en cuenta, que la modalidad en la que vas a desarrollar tus actividades inmobiliarias es la que determinará el orden y tipo de campañas que vas a implementar para que la maca quede bien definida y consolidada en el tiempo.

Si ya tienes una agencia inmobiliaria o ya trabajas en una, puedes combinar campañas de publicidad offline con campañas online para reforzar el alcance de la marca en todas las direcciones.

Si te vas a lanzar como asesor(a) independiente, las herramientas y estrategias de marketing offline son importantes, pero no dejes de lado el marketing online, ya que recuerda, que hoy en día lo primero que hacen la gran mayoría de personas cuando necesitan vender o rentar un inmueble es meterse a Google y a las redes sociales para resolver sus necesidades inmobiliarias; aunque está claro que hay excepciones.

7 Razones del Porqué el Branding es tan Importante para su Negocio

✓ *Porque un branding bien elaborado te distingue de la competencia.*

✓ *Porque es la forma más rápida y efectiva para darte a conocer.*

✓ *Porque le aporta un valor incalculable a lo que sea que hagas.*

✓ *Porque vivimos en un mundo hiperconectado y globalizado.*

✓ *Porque promueve tu razón* al mundo.*

✓ *Porque explota tu creatividad y tu forma única de hacer las cosas.*

✓ *Porque con tu marca siembras tu futuro profesional en el presente...*

* <u>Razón</u>: *Se refiere a lo que haces, como lo haces y porqué lo haces.*

3era. Píldora

*Leyes Inmobiliarias y Documentación
necesaria para realizar este trabajo:*

Al igual que el mercado inmobiliario, las leyes inmobiliarias tienen un impacto global en la economía de una nación, ya sea de forma directa o indirecta, porque afectan a los propietarios, compradores, arrendatarios, arrendadores y a los intermediarios. En los Estados Unidos, por ejemplo, cada estado tiene jurisdicción exclusiva sobre la tierra que se encuentra dentro de sus fronteras y lo mismo pasa en otros países donde el territorio está dividido por estados o comunidades autónomas y sus leyes son creadas con cierta independencia del estado que las rige.

Por otro lado, es bueno que sepas, que los profesionales del derecho son las personas más experimentadas en estos temas, ya que su carrera incluye el derecho inmobiliario como un requisito más dentro de su pensum de estudio.

Por esta razón, en muchos países, estos profesionales son muy solicitados por los propietarios para que les gestionen sus inmuebles y lo hacen por estas tres razones básicas:

✓ *Porque asesoran en materia legal a los propietarios, compradores, arrendadores y arrendatarios.*

✓ *Porque brindan seguridad y defensa legal a los propietarios en caso de cualquier eventualidad.*

✓ *Porque conocen los procedimientos legales para proceder con cualquier gestión inmobiliaria.*

Por eso es tan importante la asociación de los asesores inmobiliarios (Principalmente los independientes) con estos profesionales; por la interrelación que existe en este sector con las leyes inmobiliarias; donde dichos profesionales son los encargados de estudiar y analizar el fin de cualquier documento relacionado con nuestro sector. Otro punto a tener en cuenta es este:

"Todo documento de gestión inmobiliaria donde entran en juego dos o más personas debe ser legalizado y autentificado por un notario para que tenga validez legal"

Cada país tiene sus propias legislaciones en materia inmobiliaria, así que mi recomendación principal es, que te descargues las leyes inmobiliarias del país donde vayas a ejercer esta profesión, saca los puntos más importantes y estúdialos para que tengas un conocimiento por lo menos básico de la ley inmobiliaria en el lugar o país donde vayas a ejercer.

Por ejemplo, aquí en España la ley que regula el sector fue actualizada con la nueva Ley 12/2023, de 24 de mayo, por el derecho a la vivienda. Dicha ley se conoce como (Ley de Arrendamientos Urbanos (LAU)), la cual está dirigida a monitorear y mejorar los arrendamientos urbanos.

Si resides en España, debajo de este párrafo te dejo un código (QR) que puedes escanear con la cámara de tu móvil para que puedas acceder y descargar directamente esta nueva ley.

Es muy importante que los asesores que van a ejercer o están ejerciendo aquí en España estudien y analicen los puntos más importantes de esta y otras leyes existentes orientadas a regular el mercado inmobiliario de la comunidad autónoma donde residan, ya que la (LAU) regula exclusivamente los arrendamientos de inmuebles y aclara algunos temas que pueden surgir en el proceso; tales como:

- *¿Cuántos meses de fianza se puede pedir?*
- *¿Quién paga las reparaciones en un piso de alquiler?*
- *¿Cuál es la penalización por rescindir de un contrato de alquiler?*
- *¿Cuándo se puede rescindir un contrato de alquiler?*
- *Entre otros temas de importancia*

Con esto no te estoy diciendo que te aprendas la ley de memoria porque eso es imposible, ni siquiera los profesionales del derecho lo hacen; mi recomendación es, que te descargues la ley, busques los puntos claves que te puedan ayudar a desempeñar tu trabajo de manera eficiente y amparado(a) por la ley. De esta manera, cuando surja alguna gestión relacionada con esta ley tendrás controlado el tema de los arrendamientos y podrás asesorar de forma correcta y eficiente a tus clientes, tanto a los arrendadores como a los arrendatarios.

Documentación necesaria para el trabajo inmobiliario:

En el sector inmobiliario, todas las gestiones que realizamos están vinculadas a un documento. Por esta razón, tenemos que prepararnos con toda la documentación necesaria para que nuestro trabajo siempre este amparado por un documento.

Esto tiene sus razones; primero, por la complejidad de algunas gestiones; segundo, porque son operaciones donde siempre estarán involucrados varios actores; tercero, porque en todas las operaciones estamos tratando con sumas de dinero importantes.

Los documentos que se utilizan en el sector inmobiliario juegan un papel muy importante a la hora de realizar transacciones y operaciones inmobiliarias de cualquier tipo. Cada gestión debe estar registrada y firmada por las partes para que nuestro trabajo como asesores sea valorado y respetado. Recuerda siempre el refrán que dice "Las palabras se las lleva el viento".

Esto significa que tienes que asegurarte de que todas las gestiones que realices en este sector queden registradas en un documento; nunca de boca, ya que existen personas con mala fe que pueden aprovecharse de ese fallo en el caso de que tengan que pagarte tus honorarios por el cierre de una operación.

¡¡¡Te lo digo por experiencia propia!!! 👀

En mis inicios como asesor independiente se me dio la oportunidad de cerrar varios tratos sin que los propietarias me firmaran un documento, y en el momento de la venta, renta o anticrético no me querían pagar lo que habíamos pactado. Así que, no hagas lo mismo que hice yo al principio, trata de que cada operación, gestión o cosa que hagas quede registrada en un documento para que les puedas exigir lo pactado a tus clientes, ya que si se niegan puedes tomar acciones legales si es necesario.

Como asesores inmobiliarios, tenemos que saber qué documentación hay que manejar, cómo interpretarla y cómo asegurarse de que no existen errores para el bien común de todos los involucrados.

Por esta razón, todos los asesores inmobiliarios, principalmente los que se inician en el sector, deben armarse con todos los documentos necesarios para una buena gestión de su trabajo.

A continuación, te menciono algunos de los documentos que necesitarás antes de lanzarte de lleno a trabajar.

- ✔ *Contrato de venta compartida... Antiguo "Contrato de exclusiva".*
- ✔ *Contrato de colaboración de venta.*
- ✔ *Contrato de arrendamiento de inmuebles.*
- ✔ *Contrato de arrendamiento temporal.*
- ✔ *Contrato de Arras, señal o anticipo para la compraventa de inmuebles.*
- ✔ *Certificado de inventario para el arrendamiento de inmuebles amoblados.*
- ✔ *Certificado de entrega de llaves.*
- ✔ *Certificado de conservación del inmueble.*
- ✔ *Hojas de visita.*
- ✔ *Entre otros documentos...*

Estos documentos son manejados tanto por los asesores independientes como por las agencias inmobiliarias para el buen desenvolvimiento de las gestiones que se realizan.

¡Consejo de zorro viejo!

"Ya sé que lo has leído anteriormente, pero te lo repito; si te estas iniciando en este sector como asesor(a) independiente busca asesoramiento de un profesional del derecho, ya que ellos manejan la mayoría de los documentos relacionados con los bienes raíces"

Como bono exclusivo por la adquisición de este material, te voy a regalar una lista de 22 documentos imprescindibles para el trabajo inmobiliario. Sólo tendrás que adaptarlos a tu marca y hacer las modificaciones pertinentes.

Escanea el siguiente código (QR) para descargar la lista. Y recuerda que es un archivo comprimido en formato (zip).

¡De nada! ☺

4ta. Píldora

Tasaciones y Valoraciones de Inmuebles

La tasación inmobiliaria es un proceso por medio del cual se determina el valor real de un inmueble en el mercado. Se realiza mediante una evaluación de la propiedad por parte de un perito o tasador.

Esta evaluación se basa en diversos factores tales como, la ubicación, el tamaño, el estado de la propiedad, entre otros. Se trata de un proceso muy importante, ya que el valor de la tasación será el que se utilizará como base para fijar el precio del inmueble.

Es un documento suscrito por un profesional cualificado y que tiene como objetivo establecer de forma justificada el valor de un bien siguiendo unos criterios previamente establecidos y desarrollando una metodología adecuada.

Los propietarios pueden realizar la tasación de su propiedad por una variedad de propósitos; por ejemplo, cuando el vendedor está considerando vender su propiedad y desea conocer el precio real del mercado para establecer un precio de venta adecuado.

Cuando los interesados desean obtener un préstamo hipotecario en alguna entidad bancaria. En este caso, el banco le exigirá una tasación para asegurarse de que el valor del inmueble es suficiente como garantía del préstamo; en estos casos, los bancos cuentan con peritos certificados para realizar esta labor.

Las tasaciones también pueden ser solicitadas por jueces para solucionar conflictos civiles y sirven de apoyo en la toma de decisiones en determinados conflictos; estos conflictos pueden ser los siguientes: Divorcios, herencias, división de sociedades, procesos de expropiación, etc.

¿Quién puede valorar el precio de un inmueble? La respuesta es: hay varios actores que pueden hacerlo. En primer lugar, están los propietarios del inmueble; ellos son quienes mejor conocen su propiedad y por lo tanto, saben lo que le ha costado. Aunque el precio de un inmueble puede variar según las fluctuaciones del mercado.

En segundo lugar, estamos nosotros los asesores inmobiliarios. Muchas agencias forman a sus comerciales para que puedan realizar las valoraciones inmobiliarias de sus clientes. Como los asesores no cuentan con una certificación oficial, estas valoraciones solo sirven como referencia para determinar el valor aproximado de una propiedad que se va a poner a la venta. Esto es posible cuando estos profesionales se forman técnicamente para realizar este trabajo.

En este sentido, la experiencia del comercial juega un papel muy importante para acertar con un valor o precio de venta adecuado y adaptado al mercado.

Y, en tercer lugar, están los peritos tasadores. En España, las tasaciones inmobiliarias están reguladas por la Ley de Tasaciones Inmobiliarias (Ley 57/1968, de 27 de julio), que establece que solo los peritos acreditados por el Colegio Oficial de Agentes de la Propiedad Inmobiliaria (COAPI) pueden realizar tasaciones. El COAPI es el único organismo autorizado para emitir acreditaciones, y para ello, los peritos deben superar un examen específico y estar al corriente de sus cuotas colegiales.

A diferencia de la tasación, la valoración inmobiliaria es un documento que puede ser realizado por un asesor(a) inmobiliario capacitado para realizar este tipo de valoraciones. Esto es posible, ya que se entiende por valoración a la acción de establecer un valor aproximado de una propiedad en particular.

Como este documento no tiene validez legal, es utilizado únicamente con el fin de establecer un precio adecuado en la fluctuación del mercado para fines de venta.

Tal y como hemos visto en el inicio de este capítulo, dependiendo del fin para el cual se realice la tasación, podemos clasificarlas en:

- ✓ *Tasaciones Comerciales*
- ✓ *Tasaciones Hipotecarias*
- ✓ *Tasaciones Judiciales*

- ✓ <u>Tasaciones hipotecarias</u>: Este tipo de tasaciones se realizan con el objeto del otorgamiento de préstamos hipotecarios por parte de las entidades bancarias y financieras. Regularmente son ordenadas por una entidad financiera.

- ✓ <u>Tasaciones judiciales</u>: Son ejecutadas cuando es necesaria la repartición de bienes tales como: herencias, divorcios, embargos, entre otros. Este tipo de tasaciones son ejecutadas por instancias judiciales.

- ✓ <u>Tasaciones comerciales</u>: Regularmente, estas valoraciones son ordenadas por los propietarios y son realizadas con el fin de conocer el precio real de mercado de un bien inmueble.

El tema de las tasaciones y valoraciones de inmuebles es un tema muy delicado e importante a la vez, ya que los asesores inmobiliarios juegan un papel muy importante a la hora de asesorar a un propietario para determinar el mejor precio de venta de mercado de un inmueble.

Muchos propietarios creen que un asesor inmobiliario es un tasador y no es así. Por esta razón debemos estar capacitados para cubrir las necesidades de nuestros clientes relacionadas con estos temas.

Y aunque no estamos certificados para realizar tasaciones, como asesores estamos en la obligación de formarnos lo suficiente para poder ayudar y asesorar de la mejor manera posible a nuestros clientes.

En el proceso de tasación se debe recopilar información específica sobre la propiedad que se desea evaluar en lo concerniente a su ubicación, tamaño, calidad de construcción, depreciación, antigüedad, etc., además de realizar una comparación con otras propiedades de la zona "Si las hay" usando el método de comparación.

Estos son algunos de los factores que hay que tener en cuenta al realizar la valoración de un inmueble:

1. *Ubicación de la propiedad*
2. *Superficie construida y útil del inmueble*
3. *Distribución*
4. *Estado de conservación*
5. *Calidad de los materiales de construcción*
6. *Características constructivas destacables "Si las hay"*
7. *Iluminación y orientación del inmueble, entre otros datos.*

A continuación, veremos lo que tienes que saber acerca de este tema, la importancia que tiene para los asesores inmobiliarios y lo que debes evitar si te preparas para realizar valoraciones de inmuebles.

Con relación a este tema, es importante que sepas...

- ✓ *Que existen peritos tasadores que realizan avalúos o tasaciones "certificadas".*

- ✓ *Que los asesores se pueden formar y de hecho, se forman para realizar "Valoraciones Inmobiliarias".*

- ✓ *Que la valoración de un asesor solo es válida para determinar el precio comercial de un inmueble con el objetivo de promover su venta.*

- ✓ *Que la valoración de un asesor no es aceptada ni por instituciones públicas ni privadas.*

- ✓ *Que los asesores usan el método de comparación para realizar las valoraciones inmobiliarias.*

- ✓ *Que los asesores no están certificados para firmar tasaciones con fines de préstamos hipotecarios o división de bienes*

¿Por qué es importante el tema de las tasaciones para los asesores inmobiliarios?

✓ *Porque muchos propietarios te harán esta pregunta: ¿Cuánto cree usted que vale mi...?*

✓ *Porque los propietarios piensan que somos tasadores.*

✓ *Porque como asesores que somos debemos tener conocimiento sobre este tema.*

✓ *<u>Importante</u>: Porque nos ayuda a captar propiedades para la venta.*

✓ *Porque parte de nuestro trabajo es asesorar a nuestros clientes.*

✓ *Porque aporta profesionalidad y experiencia a nuestra profesión.*

✓ *Porque gracias al dominio de este tema, podemos convertirnos en inversores.*

✓ *Porque si hacemos un buen trabajo en este sentido, cerraremos más operaciones inmobiliarias.*

Lo que debes evitar al realizar tasaciones inmobiliarias

- ✓ Hacer tasaciones a inmuebles complejos; para eso están los peritos.
- ✓ Que los clientes crean que tu valoración es certificada.
- ✓ Que hagas que un cliente te elija a ti antes que un tasador certificado.
- ✓ Llevarle la contraria a un cliente con relación al precio de su inmueble, aunque sepas que no tiene la razón.
- ✓ Sobrevaluar o infravalorar un inmueble.
- ✓ Decirles a tus clientes que tus valoraciones les sirven para cualquier fin.
- ✓ Realizar valoraciones de inmuebles sin tener la preparación requerida.
- ✓ Hacer una valoración fuera del precio real de mercado con el fin de poder vender el inmueble.

Siguiendo con el tema, es bueno que tomes nota de la siguiente recomendación.

Para que los asesores inmobiliarios puedan realizar valoraciones de inmuebles de manera correcta, es necesario que profundicen sobre este tema y se especialicen en este tipo de procedimientos.

En este aspecto, la experiencia juega un papel muy importante, pero con los conocimientos y la formación necesaria, es posible realizar valoraciones de una manera acertada, efectiva y profesional.

No me gusta vender la moto de esta manera ☺, pero debo comentarte, que en el taller de formación complementaria que he preparado como seguimiento a la formación relacionada con este material, tenemos un módulo dedicado especialmente a la valoración de inmuebles donde enseño con lujo de detalles los procedimientos y técnicas utilizados para realizar este trabajo. Así que, si estas interesado(a) en especializarte en esta rama no dejes de contactarme para darte todos los detalles del taller.

Para más información del taller, escanea el código (QR) justo debajo de estas líneas y rellena el formulario.

5ta. Píldora

La Gestión Bancaria y Financiera para Asesores Inmobiliarios

La **gestión bancaria y financiera** es un pilar fundamental en la labor de un asesor inmobiliario, ya que permite facilitar y optimizar los procesos de compra, venta y financiamiento de propiedades para sus clientes. Un agente inmobiliario competente debe comprender a fondo cómo funcionan los productos financieros, especialmente aquellos vinculados al mercado inmobiliario, para brindar un servicio integral y profesional.

Los asesores que destacan en este sector son aquellos que hacen la diferencia en comparación con la competencia. Y para poder competir en este sector, la recomendación siempre será la misma; formación, formación y más formación. Por esta razón, mi recomendación es, que profundices sobre cada una de estas píldoras que te estoy entregando hasta que te sientas lo suficientemente preparado(a) para hacer un trabajo eficiente e integral; por tu bien y por el bien de todos los clientes que tendrás.

Con relación a este tema, es importante, que en lo adelante te familiarices con algunos términos y tópicos vinculados a la gestión bancaria y financiera. A continuación, te nombro y te explico los más relevantes:

1. Conocimiento de Productos Financieros:

Los asesores inmobiliarios deben estar familiarizados con los productos y servicios que ofrecen las entidades bancarias:

- ☑ <u>Préstamos hipotecarios:</u> Comprender las diferentes modalidades de hipotecas (hipoteca fija, variable y mixta) y sus características, así como también los plazos de amortización, tipos de interés, TAE (Tasa Anual Equivalente) y condiciones de pago.
- ☑ <u>Créditos puente:</u> Son financiamientos temporales que permiten a los clientes comprar una nueva propiedad mientras venden otra.
- ☑ <u>Líneas de crédito:</u> Opciones que facilitan la financiación de pequeños proyectos o remodelaciones para inmuebles comerciales o residenciales.
- ☑ <u>Subrogación y novación hipotecaria</u>: Procesos para cambiar las condiciones de una hipoteca existente o trasladarla a otra entidad bancaria.

2. Análisis Financiero y Asesoría:

El comercial debe actuar como un asesor inicial para sus clientes, ayudándoles a <u>evaluar su capacidad financiera</u> y guiándolos en la toma de decisiones:

- ☑ <u>Perfil financiero del cliente:</u> Análisis de ingresos, gastos, deudas y capacidad de endeudamiento. El asesor debe orientar sobre la **regla del 35%**, que recomienda no destinar más del 35% de los ingresos mensuales al pago de la hipoteca.
- ☑ <u>Documentación bancaria:</u> Familiarizarse con los documentos clave solicitados por bancos (nóminas, declaración de renta, extractos bancarios, entre otros) y saber guiar a los clientes en su preparación.
- ☑ <u>Precalificación hipotecaria:</u> Ayudar a los clientes a obtener una precalificación para determinar cuánto podrían financiar, facilitando así la búsqueda de propiedades adecuadas. Todo esto antes de direccionarlo a una u otra entidad bancaria.

3. Relación con Entidades Bancarias:

Un asesor o asesora inmobiliario exitoso debe **establecer relaciones sólidas** con entidades financieras y Brókers hipotecarios. Esto le permitirá:

- ☑ Tener acceso a información actualizada sobre las **mejores ofertas y condiciones hipotecarias** del mercado.

- ☑ Agilizar procesos de financiamiento, facilitando la comunicación entre los clientes y el banco.
- ☑ Ofrecer un **servicio adicional de valor** que diferencie su trabajo del de otros asesores.

5. <u>Gestión de Inversiones Inmobiliarias</u>:

Los asesores deben saber guiar a sus clientes inversores hacia las mejores oportunidades:

- ☑ <u>Estrategias de apalancamiento</u>: Uso de financiamiento hipotecario como herramienta para maximizar inversiones con un capital inicial reducido.
- ☑ <u>Rentabilidad de alquileres</u>: Asesorar sobre la rentabilidad de propiedades destinadas a alquiler y su relación con las cuotas de financiamiento.
- ☑ <u>Propiedades en remate bancario</u>: Facilitar la adquisición de inmuebles provenientes de ejecuciones hipotecarias con precios atractivos.

La Importancia de este tema para los Asesores Inmobiliarios

La capacidad de un asesor o asesora inmobiliario para entender y manejar conceptos bancarios y financieros no solo los posiciona como un **profesional de confianza**, sino que, también amplía sus oportunidades de negocio. Al dominar estas gestiones, los asesores:

1. **Agilizan procesos de compra y venta** al conectar eficazmente a los clientes con opciones de financiamiento.

2. **Aumenta su cartera de clientes**, ya que pueden brindar asesoría tanto a compradores como a inversionistas.

3. **Generan valor agregado** al actuar como un puente entre el mercado inmobiliario y las entidades financieras.

4. **Expanden su radio de actuación** abarcando áreas que muchos asesores no dominan; aportándoles ventajas y beneficios tanto profesionales como económicos.

5. **Los convierte en asesores integrales y competitivos.**

7 razones por las cuales los asesores inmobiliarios deben dominar este tema

✓ *Porque somos el primer escalón en la escalera de venta.*

✓ *Porque nuestro trabajo es "Asesorar".*

✓ *Porque nos ganamos la confianza de nuestros clientes.*

✓ *Porque nos permite cerrar más operaciones comerciales.*

✓ *Porque nuestro radio de acción se amplía a nuevas oportunidades de negocio.*

✓ *Porque ganamos en seguridad y profesionalidad de cara a nuestros clientes.*

✓ *Porque nos aporta experiencia, más formación y preparación para desarrollar cada vez mejor nuestro trabajo.*

Ten estos 3 tips bien presentes a la hora de gestionar operaciones bancarias:

1ero. ¿Recuerdas la definición de lo que realmente es un Bróker Inmobiliario? Pues no lo somos, pero debemos manejar las gestiones básicas de la gestión bancaria y financiera para:

- ✓ *Asesorar, guiar y ayudar a nuestros clientes en este tipo de gestiones.*
- ✓ *Que nuestros clientes sepan lo que tienen que hacer en cada etapa de la operación.*
- ✓ *Cerrar más operaciones inmobiliarias.*

2do. Asóciate con dos o tres entidades bancarias de tu zona de actuación, ellos te asesorarán y te dirán lo que necesitas pedirles a tus clientes a la hora de que te salga algún prospecto interesado en la compra de un inmueble por medio de un préstamo bancario.

3ro. Dominar el tema bancario y financiero nos ayuda a desarrollar los conocimientos necesarios para desempeñarnos y perfilarnos como inversores inmobiliarios; aprendiendo y poniendo en práctica las estrategias de compraventa de inmuebles, con el objetivo de generar plusvalía sobre estos bienes inmuebles, ya sea por medio de la reventa o la renta de estos.

En resumen, la gestión bancaria y financiera es una competencia clave que toda asesora o asesor inmobiliario debe dominar para garantizar el éxito de las transacciones y ofrecer un servicio completo, confiable y profesional.

A continuación, te presento un formulario de una solicitud de préstamo hipotecario emitido por una entidad bancaria con el fin de conceder una hipoteca. Lo puedes descargar escaneando el código (QR) que está justo debajo en esta misma página. ¡Estúdialo, analízalo y aprende!

¡¡¡De nadaaa!!! ☺

6ta. Píldora

Captación Inmobiliaria 360°

La base del negocio inmobiliario se centra en la cartera de inmuebles y potenciales clientes que manejan la agencia y los asesores para poder satisfacer las necesidades del mercado. Sin inmuebles y sin clientes ¡NO HAY NEGOCIO!

En este trabajo, los asesores inmobiliarios tienen que desempeñar todo tipo de funciones, sin embargo, todo empieza desde el mismo punto: La captación inmobiliaria, la cual consiste en buscar o mejor dicho, <u>atraer</u> propietarios con sus bienes inmuebles utilizando diferentes técnicas de marketing, persuasión y negociación, con el fin de ofrecer estos bienes a posibles compradores o arrendatarios.

La actividad de captación inmobiliaria se divide principalmente en dos direcciones, que son:

1) La captación de propietarios que venden o alquilan sus inmuebles.
2) La captación de clientes a quienes ofrecer estos inmuebles.

Hay que entender que la captación inmobiliaria se realiza con dos objetivos claros que son:

1) *Incrementar la cartera de inmuebles tanto de las agencias como de los asesores independientes.*
2) *Prospectar* clientes potenciales para ofrecerles los inmuebles captados.*

El empleo del término 360° ha sido mi creación y se refiere a la fusión o integración de los diferentes métodos y estrategias de los que disponemos para realizar el trabajo de captación y prospección inmobiliaria.

Este concepto abarca todas las posibilidades disponibles para captar, prospectar*, atraer y promover tanto a las propiedades como a los potenciales clientes, utilizando técnicas de marketing tradicionales y digitales.

Desde los inicios de esta profesión, las agencias y corredores inmobiliarios han utilizado técnicas publicitarias tradicionales para la captación de clientes tales como: carteles, posters, letreros, folletos, buzoneo y todo lo que se les ocurría, pero todo esto ha cambiado gracias al uso de las nuevas tecnologías y a las diferentes técnicas de Marketing digital que son implementadas por agencias y asesores hoy en día.

En la actualidad, existen dos estrategias básicas de captación inmobiliaria que son:

1) *Captación Offline o (Tradicional)*

2) *Captación Online o (Digital)*

**Prospectar:* En Marketing, al proceso de captación de clientes en general se le llama "Prospección".

En esta parte cabe destacar, que el sector inmobiliario es uno de los pocos sectores donde las técnicas de marketing y prospección utilizadas nos van a servir para atraer o captar tanto a propietarios con sus inmuebles como a potenciales clientes compradores o arrendatarios y esto es una navaja de doble filo que nos sirve y ayuda a conseguir y cerrar más operaciones comerciales que en ningún otro sector del comercio.

1) Captación Offline o Tradicional:

La captación offline, también llamada "Tradicional", son todas aquellas estrategias publicitarias que no se realizan a través de medios electrónicos, sino, que se llevan a cabo utilizando los medios tradicionales de toda la vida para mostrar los productos y servicios de una empresa o individuo; entre estos están:

- ✓ *El boca a boca*
- ✓ *Tarjetas de visita*
- ✓ *Cartas de presentación para empresas*
- ✓ *Llamadas telefónicas*
- ✓ *Publicidad a pie de calle (En el caso de agencias. Vayas, Brochures, otros)*
- ✓ *Publicidad en radio y televisión*
- ✓ *Y cualquier otro medio que no se sirva de las nuevas tecnologías.*

2) Captación Online o Digital:

La captación online se refiere a todas aquellas estrategias de publicidad que se realizan utilizando los medios digitales de los que disponemos para llegar a su público ideal, ya sea para captar propietarios y sus propiedades o para prospectar posibles clientes compradores o arrendatarios. Estas estrategias utilizan el Internet como base para desarrollar sus actividades de captación utilizando medios digitales tales como:

- ✓ *El Social Media (Redes Sociales)*
- ✓ *Plataformas de mensajería directa como WhatsApp*
- ✓ *Website o página web*
- ✓ *Blogs de contenido; en este caso de contenido inmobiliario*
- ✓ *Páginas de aterrizaje o Landing Page*
- ✓ *Tarjetas de visitas digitales*
- ✓ *e-Mail Marketing*
- ✓ *Y cualquier otro medio de promoción digital que se sirva de las nuevas tecnologías para operar.*

Los objetivos de estas estrategias son: generar tráfico, reconocimiento de marca, incentivar la interacción con los clientes, pero el objetivo principal es cerrar operaciones comerciales; o sea, generar ventas.

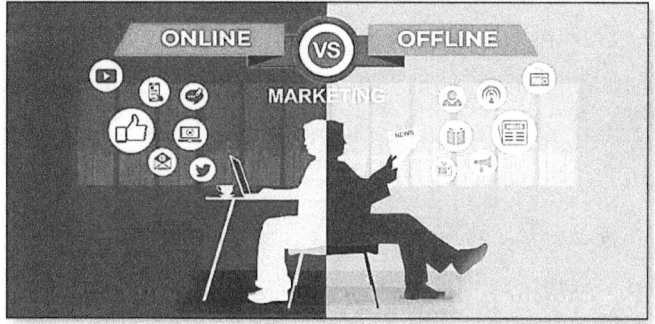

A la integración de estas dos técnicas es a lo que se le llama captación inmobiliaria 360°, las cuales se complementan para que las estrategias utilizadas lleguen al mayor número de prospectos posibles con el objetivo de captar más clientes por todos los frentes.

La captación inmobiliaria se fundamenta en el Marketing para realizar sus operaciones, ya que la finalidad de esta es captar clientes y comercializar un producto, que en este caso son los inmuebles y el Marketing es eso; mercadeo, o sea, compra y venta de productos o servicios.

Cuando te enfocas y te centras en estas dos estrategias, tus operaciones se incrementan, ya que estarás aprovechando todas las herramientas y métodos posibles para llegar a tus clientes potenciales.

Ten en cuenta, que estos prospectos te pueden llegar por diferentes frentes: Referencias personales, publicidad en tu local, redes sociales, portal en Internet, blogs, tarjetas de visita, carteles en tu zona de actuación, en la zona donde vives, etc., etc., etc.

Aquellas agencias o asesores que no utilizan todo el potencial de estas dos técnicas combinadas están realizando un trabajo incompleto y esto repercute de forma negativa en menos cierre de operaciones inmobiliarias y, por ende, en menos ingresos económicos. Por esta razón es tan importante tener en cuenta que la mejor técnica de captación y prospección es la siguiente:

¡Nunca descartes ningún método de Captación Inmobiliaria!

Gráfica de la Integración de las estrategias
OFFLINE y ONLINE
para la Captación Inmobiliaria 360°

Vamos a abrir otro paréntesis (...)

Antes de que digieras la píldora de la captación y en vista de la importancia de este tema para esta profesión, es muy importante que abra otro paréntesis para darte algunas instrucciones precisas sobre lo que realmente tienes que hacer para que el proceso de captación sea realmente efectivo para tu actividad inmobiliaria.

Todo lo anterior es muy importante como cultura general, ya que contiene todas las herramientas de las cuales te servirás para realizar el trabajo de captación, pero hay algunos detallitos que debo enseñarte para que realmente puedas captar inmuebles y prospectos de manera eficiente y productiva.

En el apartado de la marca personal hablamos de la importancia de aportar valor a las personas que de alguna manera puedan estar interesados(as) en lo que hacemos para ganarnos su confianza, su respeto y hasta su admiración, así que, te voy a explicar detalladamente en que consiste aportar valor para que entiendas este concepto.

Todos los especialistas en marketing especializados en la captación de prospectos o posibles clientes están hablando de este tema porque es la forma "moderna" de atraer a personas interesadas en lo que hacemos y en lo que ofrecemos.

Para que entiendas bien este concepto, *aportar valor no es más que realizar acciones para ayudar a tus posibles clientes a solucionar algunos de sus problemas o inquietudes ofreciéndoles soluciones de manera desinteresada, anteponiendo tus expectativas de lucrarte para que a cambio de todo lo que han recibido de ti de forma desinteresada y gratuita puedas convertirlos en posibles clientes; (Fidelizándolos una y otra vez = vendiéndoles una y otra vez).*

Cerramos paréntesis ( ).

Sintetizando la idea de aportar valor, se puede decir que aportas valor a tus futuros clientes cuando le aportas ideas, soluciones o les das recomendaciones para resolver sus dudas o problemas de manera "superficial...", aunque real. Este hecho realizado de forma recurrente hace que las personas se sientan en deuda contigo por todo lo que han recibido de ti y es casi seguro que tarde o temprano terminarán pagando por aquello que les ofreces como solución a su problema mayor.

Te pongo un ejemplo de nuestro sector: Imagínate que ya eres asesora o asesor inmobiliario y te enfocas en ayudar a los propietarios a que vendan sus inmuebles dándoles consejos de lo que tienen que hacer si quieren vender sus propiedades en tiempo récord.

Les das un montón de ideas de forma gratuita y desinteresada relacionadas con todo lo que tienen que hacer para que las personas que vayan a ver su propiedad se interesen por ella. Todas aquellas personas que estén interesadas en vender su inmueble consumirán tu contenido y tus publicaciones, y al cabo de un tiempo, si aún no han podido vender por su cuenta, como saben que eres un referente en el sector, es muy probable que te contacten para que los ayudes a vender su propiedad y ahí es donde al final captas a ese cliente, comercializas sus propiedades y obtienes un beneficio económico por todo el valor que le aportaste al principio. Así funciona la estrategia de aportar valor.

Para que te quede bien claro este tema, de los dos tipos o estrategias de captación antes mencionadas voy a escoger una de cada para explicarte el concepto de aportar valor en cada caso. Realmente todas son importantes, pero voy a escoger la que considero la más importante para que de esta forma tengas un caso práctico de cómo utilizarlas y puedas ponerla en práctica en tu día a día.

Empecemos con la captación OFFLINE

Todas las estrategias en este tipo de captación son importantes, pero una de las más importantes son las llamadas telefónicas que realizamos a los propietarios con la finalidad de captar su propiedad, ya sea que la tenga en venta o en alquiler. Imaginemos que viste un anuncio en Internet o a pie de calle de un propietario que tiene su propiedad en venta, has anotado su número y te dispones a llamar.

En mis formaciones presenciales y en mis cursos siempre les hablo a mis estudiantes de la necesidad de aportar valor, principalmente a los dueños de las propiedades por el simple hecho de que, en la mayoría de los países, los propietarios están hasta la coronilla de las agencias inmobiliarias, las cuales los llaman para ofrecerles sus servicios de intermediación inmobiliaria.

Así que ya sabes, posiblemente escuches unos cuantos "noes", o sea, propietarios que **no** quieren trabajar con inmobiliarias, que **no** hacemos nada para vender su propiedad, que **no** necesitan ayuda o respuestas parecidas; esto pasa por todos los asesores sin formación o sin ética profesional que manchan nuestra labor como profesionales en el sector; de ahí la importancia de aportar valor en el momento de hablar con un o una propietaria.

Lo recomendable en este caso, es tener un plan de acción bien definido y con pruebas de que somos una agencia o un asesor o asesora capacitado y con todas las herramientas necesarias para ayudar a las personas con la comercialización de su propiedad.

Existen muchas maneras de aportar valor a nuestros clientes al momento de querer ayudarles con la comercialización de su inmueble, todo va a depender del canal que utilicemos para aportar ese valor.

En el caso de la captación offline, vamos a abordar el tema de las **llamadas telefónicas**, ya que es una de las principales vías de comunicación que utilizan los asesores para captar, principalmente a los propietarios que venden o rentan sus propiedades.

Una forma de aportar valor cuando te dispones a llamar a un propietario, por ejemplo, el cual vende una propiedad, es ofrecerles una tasación o valoración de su inmueble, ya que el valor real de mercado de un inmueble es imprescindible para saber si dicho inmueble tiene o no tiene posibilidades de venta.

La llamada sería algo parecido a este dialogo porque ya sabes que ningún dialogo es igual a otro:

Llamas al cliente. Ring... Ring..., suena el teléfono varias veces y te contesta una señora:

Cliente: *¡Sii!*

Asesor(a): *Hola ¡Muy buenas!*

Cliente: *Buenas, dígame ¿Que desea?*

Asesor(a): *¡Bien, le comento! Yo soy Esther, le llamo por la propiedad que tiene en venta y quería saber si aún está disponible.*

Cliente: *Sí, aún está a la venta ¿Le interesa?*

Asesor(a): *Cual es su precio de venta si se puede saber¿?*

Cliente: *La tenemos en 180 mil euros.*

Asesor(a): *Ahh ok, bien. Y le han hecho alguna tasación¿?*

Cliente: *No, no la hemos tasado.*

(Aquí entra tu oferta de valor y tu poder de convencimiento; lee atentamente en siguiente "Speech=Dialogo de introducción").

Asesor(a): *Ahh perfecto, pues bien, mire le llamamos de la (Agencia inmobiliaria MIL CASAS, como le he comentado antes, yo soy Esther García* (Me lo invento) *Asesora en Bienes Raíces y le llamo porque estamos buscando inmuebles en esa zona más o menos de esas características, ya que es una zona muy buscada por nuestros clientes;*

además, *le podríamos realizar la tasación de su propiedad la cual está valorada en 280 euros y nosotros se la haríamos totalmente gratis* para ver las posibilidades de venta real que tiene su inmueble y de esta forma poder vendérsela en un tiempo récord.

¿Qué le parece, le gustaría que le hiciéramos la tasación de su inmueble y además le ayudemos con la venta?

Cliente: *Me parece bien. ¿Cuáles son sus condiciones y en qué tiempo creen que se puede vender según su experiencia?*

Asesor(a): *¿Qué le parece si agendamos una visita y hablamos sobre los pormenores de la operación? ¿Qué día le iría bien para reunirnos?*

– (Ya en este punto, trata de ser lo más rápido con el cierre de la cita antes de que te inventen alguna excusa).

Cliente: *¿Puede ser el Sábado?*

Asesor(a): *¡Perfecto! ¿A qué hora le va mejor, en la mañana o en la tarde?*

Cliente: *En la mañana.*

Asesor(a): *Bien ¿Le parece bien a las 10:00am?*

Cliente: *Si, perfecto, a esa hora me va bien.*

Asesor(a): *¡Perfectísimo! Pues quedamos así ¿Cuál es su nombre por favor?*

Cliente: *Andrea Gutiérrez.*

Asesor(a): *¡Muy bien señora Gutiérrez, ya tengo agendada la visita! Un placer y muy amable. Nos vemos el Sábado. ¡Qué tenga un feliz resto del día!*

Fin de la conversación.

Es un buen dialogo ¿A que sí? Si relees el dialogo, al principio de la conversación la asesora solo se interesó por saber el precio del inmueble para hacerle la pregunta del millón para luego, dependiendo de la respuesta, hacerle la oferta de valor ofreciéndole una tasación totalmente gratis; dependiendo del profesional que la realice y de las características del inmueble, una tasación certificada cuesta de 200 a 300 euros. De esta manera el asesor no está forzando a la señora Andrea para que le permita comercializar su inmueble, sino, que le está ofreciendo un servicio totalmente gratis (*Ofreciendo valor*) para de esta forma ganarse la aprobación de su clienta. Si Esther no le hubiese ofrecido una oferta de valor que le va a ahorrar dinero a la clienta, "probablemente" la señora hubiera reaccionado de otra manera y Esther hubiese tenido que sacar todas las ases que lleva debajo de su manga para poder convencer a la señora de que le permita comercializar su inmueble.

Este es sólo un ejemplo del poder que tiene aportar valor a nuestros clientes y una de las tantas estrategias que se pueden utilizar para aportar ese valor que tanto le gusta a la gente.

Recuerda que esta no es la única oferta de valor que puedes ofrecer a tus clientes en una llamada. Existe un gran número de actividades y procesos que puedes hacer para ayudar a tus clientes a resolver sus problemas; desde asesorarlos en asuntos legales en el proceso de venta y posventa, darles una guía básica con tips para vender su vivienda en tiempo récord, en materia de arrendamientos, etc.

Ya sabes, piensa en todo lo que puedes hacer para ayudar a tus clientes potenciales de manera sincera y real. Si haces esto, ya verás que tu cartera de propiedades no dejará de crecer.

Ahora toca la otra contraparte: La Captación ONLINE

Gracias a la hiper conectividad de la que disfrutamos en estos tiempos, la captación online se ha vuelto cada vez más utilizada por las grandes corporaciones inmobiliarias, las agencias y los asesores involucrados en este proceso, ganándole la batalla a su contraparte (La captación Offline o Tradicional), no es que la haya sustituido, simplemente la ha complementado. ¿Por qué ha sucedido esto? Porque ya los clientes tienen toda la información que necesitan en el mismo momento que la requieren. Por este motivo, esta situación le ha dado un giro de 180° al sector inmobiliario en el proceso de captación, haciendo que ahora el foco de atención este puesto donde está puesta la atención de nuestros potenciales clientes; "En el Internet".

En pocas palabras, la captación inmobiliaria online busca aprovechar la visibilidad y el alcance del Internet para conectar y contactar con vendedores, arrendadores, compradores y arrendatarios de propiedades de manera directa y efectiva.

Cabe destacar, que la captación online es una navaja de doble fijo, ya que las mismas estrategias utilizadas para captar propietarios con sus propiedades nos permiten conectar al mismo tiempo con potenciales clientes interesados en dichas propiedades.

Esto sucede porque las estrategias que utilicemos en el Internet nos van a permitir proyectarnos a un público específico interesado en el tema inmobiliario. Por ejemplo, cuando aportas valor en un canal de divulgación digital hablando de las tasaciones inmobiliarias, esta información va a captar la atención de potenciales clientes propietarios de inmuebles, pero al mismo tiempo todas aquellas personas que te siguen sabrán que te dedicas al asesoramiento y comercialización de todo tipo de actividades inmobiliarias y te van a contactar potenciales clientes que estén buscando comprar o rentar un inmueble; de ahí la importancia de este tipo de estrategias; además, puedes publicar temas relacionados con la adquisición "compra" o renta de propiedades para captar la atención de posibles prospectos compradores o arrendatarios, brindando valor sobre temas relacionados con esas operaciones inmobiliarias.

Lo más importante de todo esto es, que a medida que vas aportando valor a tu audiencia y vas ampliando tu abanico de temas, consejos, recomendaciones y asesorías utilizando estas técnicas de divulgación toda tu audiencia online te verá como una experta o experto en el sector y demandarán tus servicios cuando se les presente una necesidad.

Esto lo harán sin importar que sea un propietario que vende o renta un inmueble o un prospecto interesado en la compra o la renta. Esta es la magia de estas estrategias de captación.

Para mostrarte como aportar valor utilizando las estrategias de captación digitales, vamos a utilizar una de las estrategias más importantes hoy en día en Internet; **las redes sociales**.

Una de las redes sociales más utilizadas en todo el mundo es YouTube y según mis investigaciones, he detectado que en esta red social hace fala más divulgación de temas inmobiliarios que aporten valor a todas aquellas personas interesadas en estos temas; así que, estoy seguro que si abres un canal de divulgación en esta red para atraer potenciales clientes puedes llegar a tener una gran audiencia con el fin de atraer a propietarios y personas interesadas en los inmuebles de dichos propietarios.

Por otro lado, es cierto que a muchas personas no les gusta salir en cámara y prefieren estar tras bambalinas sin mostrar su rostro, pero ahí está la ventaja; si eres uno o una de los que aprovecha esta debilidad de la mayoría, estoy seguro de que sería una de las mejores estrategias que podrías iniciar para darte a conocer y aportar valor a tus clientes.

Podrías buscar un buen nombre para tu canal y grabar contenido relacionado con temas inmobiliarios; grabar capsulas de asesoría, consultoría, de consejos y recomendaciones sobre varios temas con el objetivo de llegar al mayor público posible interesado en lo que haces.

A continuación te nombro algunos de los temas de los cuales puedes tratar según en lo que te vayas especializando o estes especializado(a):

✓ *Asesoría legal en tema inmobiliario:*

Como su propio nombre lo indica, la asesoría legal inmobiliaria, es aquella asesoría utilizada para orientar a los usuarios sobre todos los aspectos legales que conlleva una transacción inmobiliaria importante; es decir, toda la información necesaria sobre esta, como por ejemplo: cómo se realiza el proceso de compraventa, ante qué entidad, cuáles son los pasos a seguir, cuáles son los peligros legales, entre otros factores.

✓ *7 Claves para vender su vivienda en tiempo récord:*

Este título es sólo un ejemplo, podrías reducirlo a tres claves y grabar un video mostrándole a los propietarios tres claves infalibles que deben tener en cuenta si desean vender su inmueble en un tiempo récord. Esto hace que tu audiencia te perciba como lo que eres (Un Experto o Experta) y todas aquellas personas que vean este video, créeme que si lo ponen en práctica y su inmueble no se vende te buscarán a ti para que lo ayudes a vender.

✔ *La importancia de las tasaciones inmobiliarias:*

En este apartado les puedes explicar a los propietarios la importancia de las tasaciones de sus inmuebles, ya que un inmueble con un precio de venta razonable y ajustado al valor real del mercado impulsará las visitas de posibles compradores a sus propiedades y hará que dicho inmueble tenga una salida más rápida en comparación con otros.

✔ *Home Staging:*

El Home Staging es una técnica de marketing inmobiliario que consiste en presentar una vivienda de la forma más neutra y despersonalizada posible para que se venda o alquile más rápidamente y a mejor precio. Esta técnica suma técnicas de decoración, diseño, fotografía y tips de mejoras en la propiedad para mejorar la imagen del inmueble con el fin de facilitar su venta o alquiler.

Estos son solo tres ejemplos que puedes utilizar para aportar valor a tus clientes, pero existe una infinidad de temas relacionados con el sector inmobiliario que si los utilizas en tu canal atraerá a una gran audiencia de personas interesadas en vender o rentar sus inmuebles y al mismo tiempo atraerá a personas interesadas en la adquisición de dichos inmuebles en cualquiera de las dos modalidades.

Recuerda que toda esta información está orientada a aportar valor de forma gratuita y desinteresada a tu audiencia con el objetivo de que ellos te perciban como un profesional del sector en el cual pueden confiar. Como consecuencia, esto hará que las personas se sientan en deuda contigo por todo lo que han recibido de ti sin pedir nada a cambio y la forma de agradecértelo será contactándote para que los ayudes en temas del sector que ellos no pueden realizar.

Si eres de los que no les gusta salir en cámara o no sabes cómo crear un canal de YouTube, mientras te mentalizas y vas aprendiendo, podrías elegir otra red social para crear publicaciones con el mismo fin. Puedes crear una página con un perfil profesional en Facebook o en Instagram; te las recomiendo por ser dos redes sociales fáciles de usar y las más conocidas y usadas a nivel mundial. En ellas puedes publicar tus propiedades al mismo tiempo que publicas contenido de valor para tu audiencia.

Volviendo al tema del canal de YouTube, es bueno que sepas, que cuando grabamos un video de contenido, en el mismo podemos hacer referencia a cualquiera de las plataformas que usamos para desarrollar nuestras actividades inmobiliarias, tales como nuestra página web, otras redes sociales, podemos hacer referencia a material que las personas pueden descargar, enlaces para acceder a información complementaria y un mundo de posibilidades.

Canal de YouTube

Página profesional en Facebook

7ma. Píldora

Marketing Inmobiliario 360°

Una de las definiciones más actualizadas del Marketing es esta:

El marketing, mercadotecnia o mercadeo es el conjunto de actividades y procesos destinados a crear y comunicar el valor de la marca identificando y satisfaciendo las necesidades y deseos de los consumidores.

El Marketing 360° es uno de los pilares del marketing actual para la captación de prospectos, ya que ofrece una experiencia consistente al usuario a través de diferentes canales como pueden ser: La tienda física, la página web, blogs, el social media o redes sociales, el email marketing, el merchandising, las relaciones públicas y todo el resto de publicidad tradicional.

Se trata de ofrecer una experiencia de marca integrada y sin fisuras.

Cada cliente se comporta de una manera diferente, visita canales diferentes, por lo que debemos estar atentos a cada uno de estos factores y ofrecer una estrategia global, pero al mismo tiempo personalizada.

Lamentablemente, aún existen empresas y emprendedores, incluyendo los del mercado inmobiliario, que utilizan técnicas de marketing "antiguas" utilizando el marketing para tratar de persuadir y bombardear a los prospectos (potenciales clientes) con anuncios y campañas publicitarias con el objetivo de captar su atención; sin percatarse del hecho de que este tipo de marketing ya no funciona como antes. A este tipo de marketing se le denomina:

Outbound Marketing o Marketing Intrusivo.

En la actualidad, todos nos estamos moviendo en un mercado muy competitivo y versátil donde la información fluye por todas partes y donde todo el mundo tiene acceso directo a dicha información. Es por ese motivo que el marketing ha evolucionado y la forma de llegar a un público objetivo también.

La idea de esta introducción al Marketing inmobiliario 360° es que veas cuales son las estrategias que usan todas las empresas y emprendedores para captar la atención de prospectos potenciales interesados en sus productos o servicios, ya que ese es el fin del Marketing actual en todas sus expresiones.

El Marketing moderno, se clasifica en dos tipos de estrategias básicas que son:

- *El Inbound Marketing y el Outbound Marketing* -

> *El Inbound Marketing o (Mercadeo de atracción):*

El Inbound Marketing es una metodología que combina técnicas de marketing y publicidad no intrusivas con la finalidad de atraer a potenciales clientes para guiarles en la etapa inicial de su proceso de compra hasta el cierre de venta. La finalidad de esta metodología es llegar a personas que se encuentran en el inicio del proceso de compra de un producto o servicio determinado; a partir de ahí, se les acompaña mediante el contenido apropiado para cada una de las fases del proceso de compra hasta la fase final; siempre de forma "Sincera y si puede ser Gratuita" y posteriormente, se les fideliza=(Se les vende).

Para que te hagas una idea de cómo funciona el Inbound Marketing te pongo un ejemplo sencillo:

Imagínate que creas una página profesional con tu marca en facebook para aportar valor al mismo tiempo que publicas tus propiedades o promocionas tu página web. A medida que vas publicando temas de interés relacionados con el sector inmobiliario dirigidos y destinados a ayudar a propietarios y a posibles clientes compradores o arrendatarios, muchas personas comenzarán a consumir tu contenido para solucionar y resolver sus necesidades e inquietudes. Esta interacción entre tu y las personas hará que muchos de ellos se interesen por los productos y servicios que comercializas en tu área de actuación que es el mercado inmobiliario ayudándote a cerrar operaciones de forma fácil y directa sin necesidad de hacer publicidad intrusiva o invasiva en tu página de facebook.

▸ *El Outbound Marketing o (Mercadeo Intrusivo)*:

El Outbound Marketing, también conocido como marketing de interrupción, utiliza acciones de marketing con las que hace llegar un mensaje a un gran número de personas con el único objetivo de vender. Son todas aquellas acciones de persuasión, publicidad y ventas destinadas y dirigidas al consumidor sin previo aviso.

En la actualidad, de estas dos estrategias, la más usada por empresas y emprendedores es el *Inbound Marketing* ¿Por qué preguntarás?

Porque es la que aporta valor a los clientes, se interesa por saber cuál es su dolor o necesidad y ver en que se les puede ayudar para que se sensibilicen con la marca, se interesen por nuestros productos o servicios, compren y vuelvan a comprar.

Te pongo un ejemplo sencillo de cómo funciona el Outbound Marketing:

En este caso, imagina que creas la misma página en facebook, pero no publicas contenido de valor para tus seguidores, solo publicas tus propiedades en venta o en alquiler con la única intención de vender; y además, creas anuncios publicitarios en facebook Ads (Publicidad de pago) promocionando tu marca y anunciando las mejores propiedades que tienes a disposición de tus clientes.

De esta manera estas usando un tipo de publicidad invasiva donde tu única intención es la de vender y no de aportar valor. Esa es la diferencia entre el Inbound y el Outbound Marketing.

Con relación a este tema, sería bueno meditar un poco sobre esta realidad: En la actualidad los "expertos" del sector inmobiliario han encapsulado al marketing inmobiliario dentro de las estrategias del marketing online o digital ¿Qué quiere decir esto? Que para ellos el marketing inmobiliario son todos aquellos métodos y estrategias que se sirven de los medios digitales para difundir y promover las actividades publicitarias del sector.

Sin embargo, particularmente, creo que el marketing inmobiliario no se debe encapsular solo en los medios digitales para su implementación; para mí, el marketing inmobiliario engloba todas las técnicas y procedimientos que tenemos a nuestro alcance; tanto las tradicionales como las digitales, ya que por ejemplo, cuando un cliente entra en tu agencia o te llama porque tú le has dado tu tarjeta de visita para resolver una inquietud o hacerte una consulta y le brindamos nuestra asesoría sin pedir nada a cambio, estamos utilizando el Inbound Marketing para persuadir a dicho cliente de que si gusta podemos ayudarle con la gestión de su consulta; sin embargo, en este tipo de estrategia no estamos utilizando ninguna plataforma digital; la relación se ha llevado a cabo por medio de un método tradicional. ¿Tiene sentido lo que digo? Yo creo que sí. Por esta razón, creo que el marketing inmobiliario no se debe encapsular solamente a la utilización de medios digitales, sino, que debemos estar abiertos a cualquier tipo de estrategia para captar la atención de nuestros futuros clientes.

Mirando el panorama desde ese ángulo, podemos deducir, que el marketing inmobiliario es aquel que abarca todas aquellas estrategias tanto tradicionales como digitales que nos van a servir para llegar a nuestro público objetivo sin importar la forma en la cual lo realicemos.

Por otro lado, el marketing inmobiliario está directamente relacionado con la captación inmobiliaria, ya que la captación se centra en el marketing para realizar sus actividades de prospección de clientes tanto en la captación offline como en la captación online. He aquí la importancia de recordarte las estrategias publicitarias que engloban el marketing inmobiliario 360° para que no se te escape ninguna.

Las estrategias de marketing inmobiliario offline:

✓ *El boca a boca*

✓ *Tarjetas de visita*

✓ *Cartas de presentación para empresas*

✓ *Llamadas telefónicas*

✓ *Publicidad a pie de calle (Vayas, Brochures, otros)*

✓ *Publicidad en radio y televisión. (Principalmente para agencias)*

✓ *Y cualquier otro medio que no se sirva de las nuevas tecnologías.*

Las estrategias de marketing inmobiliario online:

- ✓ *El Social Media (Redes Sociales)*
- ✓ *Plataformas de mensajería directa como WhatsApp*
- ✓ *Website o página web*
- ✓ *Blogs de contenido; en este caso de contenido inmobiliario*
- ✓ *Páginas de aterrizaje o Landing Page*
- ✓ *Tarjetas de visitas digitales*
- ✓ *e-Mail Marketing*
- ✓ *Y cualquier otro medio de promoción digital que se sirva de las nuevas tecnologías para operar.*

En el capítulo anterior vimos la Captación Inmobiliaria 360° y te vuelvo a poner la gráfica del concepto 360° aquí para que sepas que las estrategias de captación y prospección se basan en el Marketing para desarrollar sus estrategias.

El Marketing se fusiona con las estrategias y los elementos mencionados en el capítulo anterior para desarrollar las campañas de Marketing que se utilizarán tanto para la captación de propiedades como la prospección de potenciales clientes.

Y aunque el Marketing Inmobiliario se basa en las estrategias digitales para desarrollar sus actividades de captación, el Marketing Inmobiliario 360° utiliza tanto las estrategias y técnicas de publicidad digitales como las tradicionales para la captación de propiedades y atraer a los prospectos que son los potenciales clientes que comprarán o rentarán nuestros inmuebles; de ahí sus diferencias.

Y recuerda que los objetivos de estas estrategias son: generar tráfico, reconocimiento de tu marca e incentivar la interacción con los clientes, pero el objetivo principal es cerrar operaciones comerciales; o sea, generar ventas.

A continuación, te presento un vídeo donde se explica las diferencias entre el Inbound y el Outbound Marketing.

A continuación, escanea el código (QR) ubicado más abajo.

¡No te lo pierdas porque es muy bueno!

Video explicativo sobre las diferencias entre el
INBOUND y el OUTBOUND MARKETING -

* *Video extraído de la academia: (InboundCycle).*

CAPÍTULO - 7

Un Plan de Inicio de 7 Pasos

Y por fin llega el momento en el que verás el plan de inicio que he preparado para ti. Lo único que tienes que hacer es seguir paso a paso y en orden cronológico su contenido para que inicies tu carrera inmobiliaria de la mejor manera posible.

Este apartado es muy importante, ya que te dará las pautas que necesitas para que te inicies como todo(a) un(a) profesional del sector. Y recuerda no iniciar, no lanzarte al charco a trabajar hasta que tengas todo listo, incluyendo tu persona; o sea, que no te lances a la calle hasta que sientas que tienes la formación necesaria para empezar con buen pie, ya que esto es lo que al fin y al cabo te hará obtener resultados positivos en tu carrera.

Toma papel y lápiz, y ve anotando todas las indicaciones que te doy, luego, comienza a conseguir o comprar todas las cosas que tengas enumerada, si no lo tienes todo y tienes que invertir ¡invierte! Si no tienes dinero para comprar lo que necesitas, usa esta frase antes de que tu mente te niegue aquello que sabes que puedes conseguir; la frase es esta:

(Como puedo conseguir... Como puedo conseguir... Como puedo conseguir...)

O sea, programa tu mente para pensar en positivo y ya verás que conseguirás todo lo que necesitas.

Es bueno que sepas, que en esta lista te estoy recreando lo mismo que hice yo cuando me inicié como asesor independiente en Bolivia sin conocer ni el país ni a nadie. Después, este mismo plan lo reproduje en la República Dominicana con resultados muy positivos y favorables, con lo cual, todo esto indica que es un plan probado y efectivo.

Aunque estas recomendaciones vayan dirigidas específicamente a aquellos asesores que están pensando iniciarse en el sector como asesores independientes y no como asesores dependientes (Agentes inmobiliarios), ni tampoco para dueño o dueña de agencia, lo recomendable es que leas todas las recomendaciones y adaptes la guía a tu condición o modalidad de trabajo para que saques el mayor provecho de ella.

Ya sé que algunos temas de la lista lo has visto en este mismo material, pero aquí te los resumo porque son puntos claves en el momento que decidas comenzar.

A continuación, te muestro el plan al detalle:

1) *Tu Marca: Nombre propio o de empresa (Si te lanzas como AII*)*
2) *Un buen ordenador*
3) *Un buen teléfono móvil*
4) *Documentación inmobiliaria ¡lista!*
5) *Indumentaria adecuada para el trabajo inmobiliario*
6) *Un área de trabajo independiente y cómoda (Si te lanzas como AII*)*
7) *Relaciónate con profesionales del sector*

**AII: Asesor(a) Inmobiliario Independiente*

1er. PASO.-

☑ Tu Marca-nombre propio o de empresa

Este tema es muy importante, ya que el nombre que elijas es el que te representará de cara al mundo, tanto en el online como en el offline.

Tanto si inicias con tu nombre propio o te montas una agencia, tienes que mandar a diseñar o crear un logo, el cual será tu identificación de cara a tus clientes y con el que podrás diseñar todas las estrategias de publicidad; por ejemplo, en tus tarjetas de visita, en tus perfiles en redes sociales, en tu blog o página web, etc. para montar toda tu publicidad en todos los frentes.

Ya sé que esto lo has leído por ahí, pero otro elemento importante para los asesores independientes son las tarjetas de visitas y las cartas de presentación con tu nombre y logo. Si vas a montar una agencia, además de eso, tendrás que preparar publicidad en formatos varios como; folletos, panfletos, carteles, entre otros formatos.

Este tema lo puedes complementar con los 7 tips que te menciono en la página 111 para que te conozca *"Todo Dios"*, adáptalos a este apartado y comienza a prepararte para que te inicies como todo o toda una profesional.

ELEMENTOS BÁSICOS DEL MARKETING 360 QUE NOS AYUDAN A PROYECTAR NUESTRA MARCA PERSONAL

Perfiles en redes sociales

Tarjetas de presentación

Carta de presentación para negocios

Identificativo

2do. PASO.-

☑ Un buen ordenador, (PC) o portátil
(Con conexión a Internet)

Un ordenador te facilitará la vida en este trabajo, ya que hay operaciones y procedimientos que no lo podrás hacer con un teléfono móvil. Por ejemplo, cuando tengas que diseñar una publicidad para promocionar una propiedad que hayas captado tendrás que utilizar un ordenador para organizar y preparar las fotos para el anuncio del inmueble. Otra cosa es, que en algún momento te toque redactar algún que otro contrato y como comprenderás, con el teléfono no lo vas a poder redactar.

Y así, un sin número de operaciones que no podrás realizarlas con un teléfono.

No tiene que ser una super máquina, con que tenga suficiente memoria y espacio en disco duro para grabar las fotos y videos de las propiedades será más que suficiente. Lo de que sea un portátil es por la facilidad para movilizarte en caso de ser necesario y lo del Internet ni mencionarlo, ya que sin conexión a Internet no hay ni trabajo ni vida según comenta la gente ☺.

3er. PASO.-
☑ Un teléfono móvil adecuado

Cuando digo adecuado me refiero a que debe tener una buena cámara, (Si no tienes una cámara digital) y debe tener bastante memoria de almacenamiento para poder almacenar las fotos y los videos de las propiedades que vas a visitar. Procura que tenga un buen procesador y una buena memoria RAM o interna para que su desempeño sea el adecuado, o sea, que sea rápido cuando tengas que almacenar un contacto, abrir una aplicación o cualquiera de las funciones que usarás en tu trabajo habitual; así no perderás tiempo ni le harás perder el tiempo a tus clientes.

Las características básicas recomendadas son:

Una buena cámara de más de 8Mpxls; suficiente memoria de almacenamiento (32GB como mínimo), con 4GB como mínimo de memoria interna o memoria (RAM); con una pantalla de espectro amplio de 5"pulgadas o más y una buena conexión a Internet. La marca y el sistema operativo es indiferente.

- *Una Tablet (Opcional)*

Una Tablet siempre nos vendrá bien por varias razones:

- ✓ Es ligera y la puedes llevar a todos lados.
- ✓ Podemos mostrar fotos de propiedades, tours virtuales, entre otros aspectos de nuestro trabajo a nuestros clientes sin necesidad de desplazamientos.
- ✓ Es una herramienta importante para la captación, ya que podemos mostrarles a los propietarios las estrategias que utilizamos en nuestro trabajo para vender y rentar sus inmuebles en el momento de una cita.
- ✓ Proyecta mucha *PROFESIONALIDAD*.
- ✓ Si es 4G o 5G mucho mejor; me imagino que sabes por qué...

4to. PASO.-
☑ Documentación inmobiliaria ¡lista!

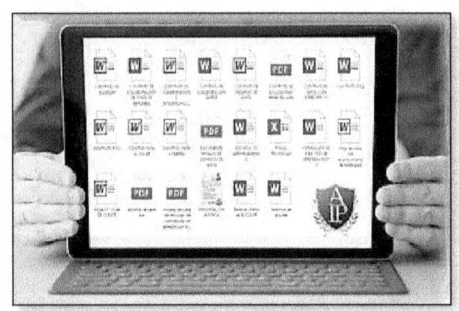

En la página 123 tienes todo lo relacionado con la documentación que se usa en este sector y el *por qué* es tan importante tenerlo todo listo al momento de iniciar tus actividades. En ese mismo capítulo, tienes un listado de toda la documentación que se necesita a medida que vas avanzando en el trabajo. Recuerda, que si piensas trabajar para una agencia no necesitarás esta documentación, ya que las agencias lo tienen todo preparado a nivel legal. Es cierto que no los necesitarás todos al mismo tiempo, pero es bueno que lo vayas adquiriendo y adaptando a tu marca, con tu logo, etc. para que lleven tu marca personal o de empresa si es que piensas montar tu agencia.

Recuerda que uno de los regalos que contiene este libro es un listado de documentos inmobiliarios, los cuales puedes descargar por medio del código QR de ese capítulo.

Otra forma de conseguir estos documentos actualizados a las leyes inmobiliarias de tu país es hablando con algún profesional del derecho que conozcas o con colegas de profesión que estén ejerciendo la profesión.

5to. PASO.-
☑ Indumentaria adecuada para el trabajo inmobiliario

No voy a repetirte aquí lo que ya has leído en el apartado "La importancia de la Indumentaria" donde describo con lujo de detalles la importancia de la indumentaria en este trabajo. Lo que sí te diré es, que esto varía mucho dependiendo del país donde vayas a desarrollar tus actividades. Por ejemplo, en Sur y Centroamérica el clima es muy variado, en cualquier momento cae una tromba de agua que inunda todo. ¡*Pero todo*! Y puede que en un rato salga un sol radiante que mezclado con la humedad no hay cuerpo que lo aguante.☺

Por esta razón, en estos países los asesores van cómodos y adaptados al clima; o sea, no todos los chicos usan saco y corbata y las chicas no van tan formales como en otros países.

En Estados Unidos y Europa la cosa cambia; aquí en España, por ejemplo, la costumbre es, que aunque estemos en verano los asesores van ensacados y las chicas van vestidas formalmente; aunque ya estos formalismos están cambiando poco a poco.

Yo soy de los que piensan que la comodidad puede ir de la mano con la formalidad; así que, ¡Vístete como te guste sin perder la formalidad!

6to. PASO.-

☑ Un área de trabajo independiente y cómoda:

Si vas a trabajar como asesor(a) de forma independiente, tendrás que concentrarte y dedicarle tiempo a las actividades que se tienen que realizar cada día para poder desempeñar tu trabajo con la mayor efectividad posible. Así que, tendrás que buscar un lugar donde no te interrumpan, que sea cómodo y acondicionado lo mejor posible para que puedas desarrollar tus actividades. **¡Mi recomendación!**

Si te puedes asociar con algún profesional del derecho para utilizar un escritorio en su oficina mucho mejor; tendrás muchas ventajas a la hora de realizar tu trabajo porque tendrás la parte legal cubierta, además contarás con un lugar donde recibir a tus clientes. Fue lo que yo hice después de instalarme en mi casa; al cabo de un tiempo me asocié con dos abogados los cuales tenían su oficina instalada en el centro de la ciudad.

Me instalé con ellos y desde ahí realizaba todas mis operaciones inmobiliarias. Ya tenía un lugar donde recibir a mis clientes y dos abogados que me hacían y firmaban los contratos.

7mo. PASO.-

☑ Relaciónate con profesionales del sector: ¿Repetido? ¡Sí! ☺

Ya sé que a veces repito lo mismo, pero lo hago con una segunda intensión: *¡Para que se te grabe!*

Lo primero que hice antes de lanzarme de lleno a trabajar fue contactar con personas que ya trabajaban como asesores y contarles mi historia. ¿Que cómo lo hice? ¡Muy fácil! Busque en Míster Google y en las redes sociales asesores e inmobiliarias en mi zona de actuación. Encontré muchas, pero sólo llamé a dos o tres; todas me ofrecían trabajar para ellas a cambio de comisiones, pero ese no era mi objetivo en ese momento porque necesitaba dinero, así que tuve la suerte de contactar con asesores independientes que me arreglaron la vida en ese sentido.

Recibí mucha ayuda, principalmente de uno de ellos, el cual estaba muy bien posicionado en las redes sociales y para mi sorpresa resulto ser un jovencito, cuando yo pensaba que se trataba de una inmobiliaria. Gracias a él entré a grupos de WhatsApp y rápidamente me fui asociando con otros asesores.

Así comenzó mi trayectoria en ese lugar.

Estoy seguro de que si yo **no** me hubiera relacionado con otros asesores cuando me inicie como asesor independiente mi desarrollo y avance en la nueva etapa que estaba iniciando no hubiese sido el mismo.

Por esta razón, te recomiendo que hagas lo mismo si es que te vas a iniciar como asesor(a) independiente; ya sabes que si piensas trabajar para una agencia, de momento no te hará falta tener esas relaciones, aunque nunca está de más porque ¡la vida da muuuchas vueltas!

En épocas pasadas, en este sector existían muy pocas colaboraciones y la razón es muy simple; no estábamos tan avanzados a nivel tecnológico como ahora. Actualmente no existe una sola agencia o asesor que trabaje solo o sola, ya que la mayoría de las operaciones inmobiliarias se cierran gracias a un colaborador. Las agencias cuentan con sistemas informatizados de colaboración donde pagan una membresía, publican sus propiedades y pueden comercializar las propiedades de las demás agencias, se intercambian los clientes y eso genera el cierre de operaciones comerciales con más facilidad. Mientras que los asesores independientes cuentan con varias plataformas para relacionarse entre ellos e intercambiar propiedades y clientes. Entre ellas están: WhatsApp Business, Telegram, entre otras redes sociales.

Recuerda, que en el capítulo 4 titulado: ¿Hablamos de dinero? tratamos el tema de las colaboraciones inmobiliarias.

Estas son las razones por las cuales debes relacionarte con otros asesores:

✔ *Porque te das a conocer.*

✔ *Porque te ayuda a proyectar tu marca a nivel social y laboral.*

✔ *Porque adquieres experiencia y aprendes de los más experimentados.*

✔ *Porque puedes ir corrigiendo tus errores y avanzar más rápido.*

✔ *Porque tienes más oportunidades de cerrar operaciones comerciales.*

✔ *Porque gracias a las colaboraciones generarás más ingresos.*

¡Un complemento importante!

Para complementar este plan, es importante que sepas, que los asesores inmobiliarios realizan muchos desplazamientos por múltiples razones; visitas a los propietarios, acompañar a los clientes a ver los inmuebles una y otra vez, visita a las instituciones gubernamentales que se ocupan del tema inmobiliario; catastro, ayuntamientos, etc., entre otras gestiones propias de este trabajo. Razón por la cual el uso de un medio de transporte se hace más que necesario en esta profesión.

Esta herramienta de trabajo la necesitarás independientemente de la modalidad bajo la cual vayas a ejercer. En mi caso particular, cuando comencé a trabajar como agente inmobiliario en Barcelona no me exigían coche para trabajar, ya que esta ciudad cuenta con varios medios de transporte público con los cuales el desplazamiento es más rápido y económico.

Pero, por ejemplo, cuando conseguí el puesto en Madrid como comercial inmobiliario, era imprescindible tener coche, razón por la cual fui contratado. Así, que ya sabes, si no tienes un medio de transporte, aunque sea una moto, ve pensando en adquirir uno para que tengas más posibilidades en este sector.

*Una vez que tengas
el plan de inicio completo;
¡Empodérate, llena tu mente
de Actitud Positiva
y pasa a la acción!*

"Mis 3 mejores recomendaciones finales"

Todo en la vida es cuestión de decisión. Cuando yo me inicié en el mundo inmobiliario no estaba tan seguro de que después de realizar el curso que hice en Barcelona iba a dar la talla en este sector. Confiaba en mí mismo, en mis capacidades, pero sinceramente *¡No sabía cómo me iba a ir!*

Lo que realmente me permitió continuar fue mi actitud, mi decisión y las acciones que fui ejecutando a medida que terminaba mi formación. De esta manera me fui preparando para lo que el destino me tenía reservado.

A consecuencia de todo esto, me preparé mentalmente y me equipé con todo lo necesario para *"Ir a Matar"* como dicen por ahí; conseguí mi primer trabajo como asesor inmobiliario en una agencia en la ciudad de Barcelona y ahí comenzó mi trayectoria en el sector inmobiliario.

Luego, por razones familiares me tuve que mudar a Madrid y allí me contrataron como comercial inmobiliario para un fondo de inversiones Americano que comercializa inmuebles de bancos.

¿Qué te quiero decir con esto? Que tu al igual que yo has adquirido este material por alguna razón; tal vez estes desempleado(a) y sabes que con esta profesión puedes generar una buena fuente de ingresos; o tal vez deseas cambiar de trabajo; o simplemente quieres despedir a tus jefes. ☺

Realmente no sé cuál es tu razón, pero si alguna de estas razones fueron las que te motivaron a iniciarte en esta bonita y lucrativa profesión, entonces, **no des ni un paso atrás**. En este material tienes toda la información necesaria para que inicies con buen pie, así que estúdialo, reestúdialo y sigue formándote porque este sector no deja de crecer y evolucionar y porque de tu formación dependerá tu éxito o tu fracaso en esta o profesión.

Si ya has tomado la decisión de ser una asesora o asesor inmobiliario y lo quieres hacer bien, te voy a dar algunas recomendaciones para que puedas iniciar con las ideas claras y no te precipites comenzando a medias como hacen muchas personas que dicen llamarse "Corredores, Agentes, Asesores o Brókers Inmobiliarios".

A continuación, te dejo las mejores recomendaciones que te puedo dar.

☑ 1era. Recomendación:

"Si de verdad deseas conseguir algo en la vida, enfócate en eso que quieres, persiste, resiste, no te rindas y verás que al final lo conseguirás".

Te quiero compartir estas dos potentes frases. ¡A mí me encantan!

"Si el hombre fuera constante, sería perfecto"
(William Shakespeare)

"Un camino de mil millas comienza con un paso"
(Benjamín Franklin)

☑ 2da. Recomendación:

El sector inmobiliario es un sector muy competitivo; en esta profesión te encontrarás con asesores buenos, no tan buenos y otros un tanto mediocres, eso es bueno y malo; bueno porque podrás medir tus capacidades con otros para mejorar y avanzar en tu trabajo y malo porque muchas veces pagamos justos por pecadores. Muchos clientes suelen meternos a todos en el mismo saco, pero no por la eficiencia de nuestros compañeros, sino, por la ineficiencia de algunos. Por esta razón, mi segunda recomendación es la siguiente:

"Obsesiónate con formarte lo mejor que puedas para que logres edificar una Formación Integral en tu carrera inmobiliaria, ya que la necesitarás si realmente deseas que te vaya bien en este sector"

☑ 3era. Recomendación:

Todo, pero absolutamente todo lo que el hombre ha creado hasta el día de hoy lo ha creado con el pensamiento y esto es así porque el hombre tiene la capacidad de crear lo que piensa, dice y hace. Por esta razón suceden en el mundo cosas buenas y cosas malas, todas pensadas antes de ser ejecutadas. ¿Qué te quiero decir con esto? Que si quieres llegar a ser un profesional inmobiliario de éxito, primero sueña con eso, imagínate trabajando para una gran agencia o ¿porque no? ¡Con tu propia inmobiliaria! Todo eso es posible primero si te lo imaginas, lo sueñas y luego te enfocas y ejecutas las acciones necesarias para lograr eso que has soñado. También es importante decir en voz alta lo que deseas lograr como por ejemplo:

"Voy a ser una asesora o un asesor inmobiliario de éxito" o *"Voy a ser una gran asesora o un gran asesor inmobiliario y trabajaré para las mejores agencias del país"*, etc., etc., etc. Así funciona todo en este universo, no por nada en la Biblia pone:

¡La Palabra es la expresión de Dios manifiesta!

Así que, manifiesta eso que sueñas, enfócate en ello, pasa a la acción y verás como el universo te ayuda para que se haga realidad.

¿Cuál es tu Verdadera Razón?

Me gustaría que hagas un STOP en este mismo momento y pienses, medites o razones en la razón por la cual estas leyendo estas líneas, este libro. Que medites en la **verdadera** razón por la cual deseas formarte como asesor(a) para trabajar en el sector inmobiliario.

Posiblemente, has adquirido este material para ver como es este sector; o talvez, lo has adquirido con la idea de formarte y trabajar para poder obtener un ingreso, un salario ¿No? Esta puede ser una razón, pero casi nunca la **verdadera** razón por la que hacemos lo que hacemos es la que pensamos; las razones siempre tienen un trasfondo que no meditamos a profundidad y ahí está el error, por eso, muchas veces hacemos cursos, nos formamos en alguna área para intentar ganar dinero, emprendemos un proyecto nuevo, etc., pero no pensamos en el trasfondo que tiene todo lo que hacemos.

Piensa y medita profundamente en lo que hay detrás de tu razón; en la acción de ¿Por qué estoy leyendo este libro? ¿Cuál es el trasfondo de la razón por la cual he comprado este libro? "Si lo has comprado..." ☺

y verás que siempre tienes algo más profundo que el simple razonamiento. Puede ser tus hijos, tus padres o simplemente, pensando en ti mism@, en tu formación y desarrollo profesional, en la idea de conseguir un buen trabajo para salir adelante o un trabajo donde puedas mantener tu lujoso estilo de vida.☺

La verdad es que no sé lo que hay detrás de tu razón porque esa razón es tuya y solo tu podrás identificarla para utilizarla de motivación y empoderamiento.

Así que, te invito a que medites el verdadero motivo que hay detrás de tu razón y verás que esa emoción, ese sentimiento te ayudará a conseguir tus objetivos más que nada en esta vida, sea cual sea el proyecto que emprendas.

Independientemente de la verdadera razón por la que estes aquí, no puedo acabar este material sin comentarte las razones que me motivaron a incursionar en este sector.

❖ Mis razones fueron las siguientes:

1ro. Porque sabía que esta profesión es una de las más "**Lucrativa$**" del sector de las ventas, donde los honorarios que se cobran son de los más altos del sector comercio.

2do. Porque sabía que el mercado laboral estaba ávido de asesores inmobiliarios y lo sigue estando; no solo aquí en España, si no, en muchos otros países.

3ro. Porque sabía que iba a poder ejercer en cualquier parte del mundo.

4to. Porque aun siendo informático de profesión no tenía que poseer un título universitario para ejercer como asesor inmobiliario.

5to. Porque me llamaba la atención las condiciones y el estilo de trabajo de esta profesión; entre ellas:

- ✔ *Los altos ingresos que se pueden llegar a generar.*
- ✔ *Vestir y lucir bien por exigencia del ambiente de laboral.*
- ✔ *Distribuir el tiempo de trabajo entre la oficina y la calle.*
- ✔ *El trato con las personas y el poder socializar con ellas.*
- ✔ *El nivel de estatus social que da esta profesión.*

Por todas estas razones que te he mencionado antes, tengo la bendición de trabajar en algo que me gusta, que me mantiene activo, elegante ☺ y que proporciona y promueve el sustento de mi familia. Por esta razón y muchas más ¡I Love My Job!

Cuando amas lo que haces y sabes que es un trabajo estable y sostenible en el tiempo, que te da estatus social, es bien remunerado, te hace mejor persona *"Porque para este trabajo tienes que serlo, si no ¡No te irá tan bien!"*, entonces, las ganas de trabajar y de hacerlo bien se potencializan porque sabes que estas donde tienes que estar.

Nunca se me olvidará esta frase que dijo mi mentor en una de sus formaciones para la creación de cursos online:

"Ser buena persona es un buen negocio"

Gracias le doy a nuestro Padre Amado porque gracias a ÉL puedo afirmar que el plan se me dio a más. Me formé y tuve la suerte de recibir formación complementaria en mi primer trabajo, de ganarme la vida como asesor inmobiliario, seguir formándome y seguir trabajando en el sector. De cambiar de residencia a tres países diferentes y seguir trabajando en mi profesión.

Con todo lo que he logrado en tan poco tiempo, para mi esta profesión es como la publicidad de MasterCard *"No Tiene Precio"*. ☺

No sé si tú que estas leyendo este material estas en el mismo escalón de la escalera que yo, realmente no lo sé, pero aun así, creo que éstas razones son más que suficientes para tomar la mejor decisión de tu vida, de tu futuro y el de los tuyos y sé que la mejor decisión es, que te sigas formando, que completes tu formación y te lances de lleno en este maravilloso sector.

Antes de concluir con esta formación, me gustaría comentarte 3 cosas:

1ero. Si te vas a lanzar al mundo inmobiliario te lo tienes que CREER. Lánzate al charco, al rio o al mar, pero lánzate. Esto significa que le pongas todo tu esfuerzo y empeño en hacer lo que tienes que hacer para ser un profesional inmobiliario integral.

2do. Esta profesión no es fácil, pero si realmente te gusta trabajar con personas, alternar la oficina con el trabajo de calle, andar siempre bien vestido(a) y ganar el dinero que te propongas; entonces, este trabajo es para ti. Cómprate ropa formal si no tienes, un buen reloj, aunque sea chino (pero que pinte suizo☺), prepárate, fórmate bien, asóciate con otros asesores o entra en una agencia para que adquieras tus primeras experiencias y puedas iniciar con buen pie.

3ero. Si por el contrario, entras a este sector pensando que es fácil, que es un trabajo suave, que no vas a trabajar los fines de semana, que vas a ganar grandes sumas de dinero "Rápidamente", entonces estas mal; te recomiendo que no sigas adelante con esto porque no vas a lograr tener éxito como asesor(a) inmobiliario. Y créeme, no estoy siendo pesimista ni creas que te quiero desmotivar, simplemente estoy siendo realista.

Ahora que te he dejado claro lo que realmente es trabajar en este sector, es tu decisión seguir adelante si crees que realmente te vas a lanzar o, por el contrario, te vas a quedar viendo como otros se llevan los jugosos honorarios que hay en el fondo del charco.

¡Gracias! ¡Gracias! ¡Gracias!

Si, te quiero dar las gracias de corazón por estar aquí, por haber adquirido este material y por haber confiado en mí para crear juntos este nuevo capítulo en tu vida.

Para mí es un honor y una satisfacción ser partícipe de esta gran aventura profesional que estas iniciando. El hecho de poder acompañarte en todo este proceso para mi es un gran honor, un logro y al mismo tiempo un compromiso asumido con todas aquellas personas que han confiado en mí, en mi experiencia y en mi método.

Gracias nuevamente y ojalá que este material te sirva de iniciativa para seguir formándote y avanzando hasta alcanzar el nivel de **EXPERTA** o **EXPERTO** en el Sector Inmobiliario.

¡Te comparto esta última frase que también me encanta!

"Soy un gran creyente en la suerte y he descubierto que mientras más duro trabajo, más suerte tengo"

- Thomas Jefferson -

Y siempre recuerda esto:

*No hay una varita mágica;
el éxito requiere de trabajo duro y dedicación,
¡Pero vale la pena!*

BIOGRAFÍA

Francisco Gabriel Carrasco R., nació el 03 de Diciembre del 1970 en Santo Domingo, República Dominicana.

Mientras estudiaba la carrera de Licenciatura en Sistemas en la Universidad Autónoma de Santo Domingo (UASD), trabajaba como profesor de informática, acumulando más de ocho años de experiencia como docente.

Migró a Barcelona, España en el año 2003 y después de trabajar unos años en el sector de las telecomunicaciones, decidió incursionar en el sector inmobiliario; para lo cual realizó un curso en esa misma ciudad titulado: "Agente Inmobiliario de Cataluña (AICAT)" homologado por la Generalitat de Cataluña.

A partir de entonces, ha acumulado toda una década de experiencia en el sector inmobiliario repartidos entre Barcelona, Madrid, Bolivia y la República Dominicana; en este último país, comenzó su nueva faceta como docente del área inmobiliaria impartiendo cursos y talleres destinados a profesionales del derecho y público en general en la prestigiosa institución educativa (EDUCAJURIS) de Santo Domingo.

En la trayectoria de su vida profesional, ha acumulado un gran número de formaciones que van desde el Coaching Empresarial, Oratoria, Liderazgo, Marketing Digital, entre otras formaciones complementarias relacionadas con el mundo inmobiliario.

A mediados del año 2021 funda la escuela online (Academia Inmobiliaria Práctica) gracias a la cual se han formado cientos de estudiantes y profesionales del derecho en más de 8 países; mucho de los cuales se desempeñan como asesores inmobiliarios cualificados de forma dependiente e independiente.

Academia
Inmobiliaria
Práctica

Todos derechos reservados®

Para cualquier consulta, sugerencia o comunicarse con el autor puede hacerlo en el correo: contacto@academiaip.es

Para acceder a las referencias bibliográficas consultadas, escanee el código (QR) correspondiente:

• *Artículo de Bryan Clark para The New York Times Company. "Como-ser carismático".*

• *Centro de Oratoria y Retórica de la Royal Holloway University of London.*

• *Fundación Factor Humano – "Un secreto llamado Carisma" por Lidia Conde.*

• *Artículo de la National Association of Realtors® de los EEUU 9 características personales que alimentan tu marca (nar.realtor)*

• *Gestión de préstamos hipotecarios del Banco BBVA*

www.ingramcontent.com/pod-product-compliance
Lightning Source LLC
Chambersburg PA
CBHW050203230526
45470CB00001B/220